코러스 데이
성가대원을 위한 핸드북

CHORUS DEI
The Worship Choir Handbook

코러스 데이
성가대원을 위한 핸드북

1판 1쇄 발행 2025년 11월 24일

지은이 최병철
펴낸이 김재선

펴낸곳 예 솔
출판등록 제2002-000080호(2002.3.21)
주 소 서울시 마포구 토정로 222 한국출판콘텐츠센터 422-5호
전 화 02)3142-1663(판매부), 335-1662(편집부)
팩 스 031)912-1643
홈페이지 www.yesolpress.com
ISBN 978-89-5916-095-2 03230

이 책은 저작권법에 따라 보호받는 저작물이므로 무단 전재와 무단 복제를 금합니다.
책값은 뒤표지에 표시되어 있습니다.

코러스 데이

성가대원을 위한 핸드북

최병철 지음

CHORUS DEI
The Worship Choir Handbook

예솔

머리말

"찬양의 마음을 다시 배우며-"

모든 성가대의 바람은 예배 중에 하나님께 영광을 돌리고, 회중에게 은혜가 되는 찬양을 드리는 것일 게다. 너무도 당연한 말 같지만, 말처럼 쉽지가 않다. 지휘자는 지휘자대로, 대원은 대원대로, 반주자는 반주자대로 각자의 자리에서 겪는 혼란과 어려움이 있다. 외적인 문제일 수 있지만, 많은 경우 원인은 내면의 깊은 곳에 있다.

성가대 사역에서 가장 피하고 싶은 갈등 하나를 꼽으라면 아마 타인의 평가에 민감한 '자기의식'일 것이다. 음악이라는 예술의 속성에 이미 그런 요소가 스며 있다. 연주자는 본능적으로 청중의 시선을 의식하고, 그들의 반응에 쉽게 영향을 받는다. '연주(performance)'라는 예술 자체가 '보여지는 행위'인 까닭이다. 그래서 음악인들은 무의식중에 타인의 시선을 의식하며 마음이 흔들린다. 잘했다는 생각이 들 때에는 잠시 우쭐해지기도, 한계에 부딪칠 때면 끝없는 열등감에 헤매기도 한다.

이러한 자기의식은 하나님과의 관계에 영향을 미친다. 마음으로는 하나님을 찬양한다고 하지만, 막상 연주가 끝나면 사람들의 반응을 의식한다. 그 순간, 하나님께 드려야 할 영광을 어느새 내 것으로 취하는 때가 있다. 그것이 얼마나 덧없고 허망한

일인지를 매번 깨달으면서도!

로마서 7장 24절에서 마주하는 바울의 고백, "오호라 나는 곤고한 사람이로다! 이 사망의 몸에서 누가 나를 건져내랴"라는 절규는 아마 오늘날 전심으로 하나님을 찬양하고 싶어하는 교회음악인들의 마음을 대변할 수 있다. 연주와 섬김의 자리에서 그 같은 긴장과 갈등을 반복하며 살아가는 사람들이 우리 교회음악인들이다.

그러나 이어지는 말씀, "우리 주 예수 그리스도로 말미암아 하나님께 감사하리로다!"(롬 7:25) 처럼, 곧 하나님의 은혜의 보좌 앞에 엎드리게 된다. 나의 연약함을 아시는 그분의 긍휼의 은혜를 사모할 수밖에 없다. 그런 시간들을 거치면서 느리지만 그래도 예배자의 성숙으로 조금씩 나아가는 것 같다. 그런데 아이러니하게도, '이제 조금 알 것 같다'는 생각이 들 때면, 세월은 흘러, 예전처럼 무대에 설 기회가 없어질지도 모른다.

그동안 나는 연주가로, 지휘자로, 음악치료사로, 그리고 교육자로 살아왔다. 이제는 현역의 자리에서 물러나 지난 세월을 돌아보며, 여전히 감당할 수 있는 일들을 찾고 있다. 그 과정에서 오래도록 마음에 품어 온 생각들을 정리하여, 성가대원을 위한 한 권의 교재를 펴내게 되었다.

이 책의 제목은 "코러스 데이: 성가대원을 위한 핸드북"이다. 라틴어 CHORUS DEI는 '하나님의 성가대(Choir of God)'를 뜻한다. 나는 이 책에, 하나님을 예배하는 온전한 소리공동체로서의 성가대에 대한 열망을 담았다.

이 책을 쓰게 된 또 다른 이유가 있다. 바로 주일 예배 찬양에서 느끼는 아쉬움 때문이다. 요즘 예배의 소리가 너무 크다. '시끄럽게' 느낄 정도다. 그래서인지 성가대마저 마이크 출력을 높여, 생음이 아닌 증폭된 기계음을 들려준다. 그러나 대부분의 예배당은 그 자체로도 충분히 풍성한 울림을 낼 수 있는 공간이다. 그럼에도 왜 그렇게 큰 소리들을 좋아하는지 답답하다. 이런 상황에서 성가대원들도 섬세하고 어울림이 있는 '합창'을 하기보다, 크게 부르는 데 익숙해진 것만 같다.

게다가 예배의 본질과 어울리지 않는 곡들이 분별없이 불리고 있다. 하나님을 영화롭게 하며 복음을 선포하는 가사보다, 개인의 감정이나 정서를 표현하는 노래가 점점 많아지고 있다. 때로는 회중의 감성을 자극하기 위해, 단조풍의 멜로디와 자극적인 리듬의 곡을 사용한다, 이런 현실이 마음 아프다.

교회마다 '성가대' 혹은 '찬양대'라는 이름을 사용하지만, 본질은 다르지 않다. 모두 "예배 중 하나님을 찬양하는 공동체적 사역"을 뜻한다. 나 역시 한때는 '찬양대'라는 이름이 더 직접적인 듯하여 좋아했지만, 이제는 이름보다 중요한 것이 그 마음의 방향인 것 같다. 우리가 어떤 이름으로 부르든, 우리의 노래가 향하는 곳은 오직 하나님 한 분이시다. 그래서 이 책에서는 '성가대'라는 명칭으로 통일하여 글을 이어가고자 한다.

성가대의 찬양은 어디까지나 예술 이전에 예배 행위이며, 음악적 완성도보다 더 중요한 것은 그 안에 담긴 신앙 고백과 신학적 중심이다. 사람의 감동보다 앞서 하나님께 영광을 돌리는 것이 성가대 찬양의 참된 목적이다.

따라서 이 책은 단순한 발성 교재나 합창 기술서가 아니다. 성가대원에게 꼭 필요한 두 가지 내용을 담았다. 첫 번째는 성악적 기술과 음악에 대한 것이다. 그리고 두 번째는 성가대의 역사를 살피고 하나님을 찬양할 수 있는 믿음에 대한 것이다. 이를 Part I과 Part II로 나누어 기술하였다. 물론 글로써 합창 테크닉을 효과적으로 전달하는 데에 한계가 있지만, 이 내용이 성가대원의 자기 성장과 지휘자의 훈련 과정에 조금이나마 도움이 되기를 바란다.

　글을 맺으면서 하나님을 믿는 '믿음'을 강조하고 싶다. 성경은 "믿음이 없이는 하나님을 기쁘시게 못 하나니"(히 11:6)라 한다. 이 책은 찬양의 본질을 다시 생각하고, 예배 속에서 그 사역의 의미를 새롭게 정립하려는 작은 시도다. 지휘자에게는 예배의 방향을 비추는 나침반이, 성가대원에게는 찬양의 마음을 일깨우는 길잡이가 되기를 소망한다. 무엇보다, 누군가의 찬양이 이 책을 통해 조금이라도 더 깊고 순결해지고, 그 노래로 인해 하나님께서 영광을 받으신다면, 그것만으로도 이 글을 쓴 이유는 충분하다.

주 안에서,
저자 최병철
bchoi@sm.ac.kr

차례

머리말 4

PART I 발성과 음악

1장 합창 입문 · 12

1. 소리 15
   1) 네 가지 형태의 음악적 목소리 2) '의도'는 소리의 방향성을 결정

2. 발성 21
   1) 주요 발성 메커니즘 4가지 2) 성악의 기본 원칙 5가지

3. 합창 앙상블의 성악적 평가 기준 44
   1) 음정 2) 어택과 릴리스 3) 섞임 4) 균형 5) 음질
   6) 딕션 7) 표현

4. 지휘자와 성가대원의 음악적 소통 48
   1) 지휘자는 '보이는 소리'다 2) 성가대원은 '듣는 지휘자'다
   3) 소통의 중심은 '호흡'이다 4) 손과 눈의 대화 5) 신뢰
   6) 영적 지휘

5. 파트의 이해 52
   1) 소프라노 2) 알토 3) 테너 4) 베이스
   5) 외성과 내성의 관계 6) 파트의 인원 구성

6. 공간의 이해 60
   1) 성가대의 위치 2) 예배당 음향과 회중성

7. 성가대의 마이크 사용 64
   1) 생음과 증폭음의 물리적 구조 2) 사람의 귀와 뇌가
   소리를 인식하는 방식 3) 사람들이 간과하는 핵심 포인트

2장 음악의 이해 · 72

1. 음악 72
   1) 음악의 요소 2) 음악 장르

2. 음악과 인간행동 83

3. 음악의 효과 87
1) 일시적 효과 2) 영속적 효과
4. 음악과 감정 94
1) 기대의 법칙 2) 표현적 시간의 의미

PART II 성가대의 역사와 역할

1장 성가대의 역사 • 100

1. 구약에서의 성가대 100
1) 성가대의 제도적 시작 2) 회당 예배의 성가대

2. 신약 교회로 이어진 회당 전통 108
1) 부활 이후의 새로운 찬양 2) "시와 찬미와 신령한 노래"
3) 악기가 없는 예배 4) 공동체의 소리, '하나의 목소리'
5) 가사의 중심성 – 찬양은 복음의 선포였다
6) 찬양과 윤리 7) 초대교회 찬양의 영적 정신

3. 중세 교회의 성가대와 그레고리안 성가의 형성 114
1) 수도원 운동과 성가대의 제도화 2) 그레고리안 성가의 형성과 특징 3) '노래하는 말씀'에서 '듣는 음악'으로
4) 가사의 신학적 의미 5) 오늘날 교회 성가대를 위한 교훈

4. 종교개혁과 회중 찬양의 회복 119
1) 루터 2) 회중 찬양의 혁명 3) 루터의 음악신학
4) 칼뱅 5) 루터와 칼뱅의 공통된 신학
6) 성가대의 역할 변화

5. 근대와 현대 교회의 성가대 124
1) 바흐 2) 웨슬리 3) 대각성 운동과 복음성가 4) 20세기
5) 현대 성가대의 과제 6) 예배의 다양성, 그러나 중심은 하나
7) 성가대의 정체성 회복 8) 오늘날 교회 성가대를 위한 교훈

2장 성가대의 사명과 예배에서의 역할 • 130

1. 예배의 구조 속에서 성가대의 위치 132
1) 예배의 흐름 속에서 성가대의 자리는 '응답의 자리'
2) 부름과 응답의 신학적 의미 3) 설교 이전의 설교
4) 찬양은 예배의 중심선에 있다 5) 성가대의 찬양은 회중의 '대표 응답'이다 6) 부름과 응답 사이의 '소리의 다리'
7) 회중과의 상호작용

2. 음악과 말씀 사이의 균형 137
1) 감정은 선물, 그러나 중심은 아니다 2) 음악의 목적은 진리를 더 분명히 보이게 하는 것이다 3) 감정이 앞설 때 일어나는 위험 4) 말씀 중심의 음악 해석 5) 예술성과 경건성의 균형 6) 감정에서 진리로, 진리에서 감동으로

3. 성가대의 찬양은 공동체의 고백 141
1) 교회는 '함께 부르는 공동체'이다 2) '하나의 소리'는 단조로움이 아니라 조화이다 3) 화음은 교회의 신학을 드러낸다 4) 공동체적 고백으로서의 찬양 5) 성가대는 '공동체의 얼굴'이다 6) 소리의 일치 이상으로 마음을 일치시킴 7) 공동체의 화음이 주는 영적 메시지 8) 성가대의 영적 태도 9) 성가대의 예배 참여

4. 성가대의 사역과 실제 156
1) 성가대의 준비와 연습 2) 지휘자와 반주자, 그리고 대원의 관계 3) 성가대 연습의 실제적 원칙 4) 곡의 선택과 해석

5. 성가대의 미래 168
1) 예배의 환경은 변하지만, 예배의 본질은 변하지 않는다 2) 성가대의 미래 사명 3) 변화하는 예배 환경과 성가대의 도전 4) 미래의 예배를 위한 제언

부록
성가대 세미나 교재 178
〈왜 노래 부르기는 치유적일까?〉 세미나 교재 184
〈성경적 치유음악사역〉 세미나 교재 190
때를 따라 돕는 찬송 리스트 200

참고 문헌 203

색인 206

PART I

발성과 음악

1장
합창 입문

합창(合唱, Chorus)이란 여러 사람이 함께 노래하는 것을 말한다. 단순히 '많은 사람이 동시에 노래한다'는 뜻을 넘어, 각기 다른 음을 가진 사람들이 서로의 소리를 조화시켜 하나의 음악을 만들어가는 공동의 예술이다.

보통은 두 개 이상의 성부로 나누어 부르며, 2성부에서 많게는 8성부까지 다양하게 구성된다. 남성과 여성의 음역이 어우러진 혼성 4부 합창(Soprano, Alto, Tenor, Bass)은 가장 일반적인 형태이며, 대부분의 교회 성가대가 이 구조를 따른다.

합창의 본질은 '화음(和音)'에 있다. 화음이란 서로 높이가 다른 두 개 이상의 음이 동시에 울릴 때 생기는 합성된 울림이다. 이 단순한 현상 안에 신비로움이 있다. 화음의 연결, 즉 코드의 진행(Chord Progression)은 음악의 중심인 조성(Tonality)을 만든다. 조성은 곡 전체의 방향성과 안정감을 부여하고, 듣는 이는 그 속에서 긴장과 이완, 기대와 해소를 느낀다.

높고 낮은 음의 관계 속에서 자연스럽게 형성되는 이 긴장과 해소의 감정은, 마치 인간의 삶과도 닮아있다. 음악은 시간 속에서 흐르며, 불협화음과 협화음이 교차하면서 갈등과 해결의 드라마를 만들어 낸다. 완전한 해소에 이르기 전까지의 불안정한 화성, 그것이 바로 우리 삶의 모습이다. 불협은 고통스럽지만, 그것이 해소될 때 우리는 더 큰 평화를 느끼는 것과 마찬가지이다.

악기는 음으로 말하지만, 인간의 목소리는 말로 노래한다. 이것이 기악과 성악의 본질적인 차이다. 그래서 성악에는 가사가 있다. 따라서 합창은 단지 음의 조합이 아니라, 말씀을 품은 소리의 예술이다. 성가대에서 가사는 곧 신앙의 고백이다. 그 고백을 사람의 호흡, 표정, 감정으로 담아내는 것이다.

또한 합창은 개인이 즐길 수 있는 가성비 높은 취미이자 영적 활동이다. 노래를 통해 외로움을 덜고, 사람들과 함께 호흡하며, 서로의 존재를 느낀다. 규칙적인 호흡과 올바른 자세는 신체 건강을 돕고, 음을 따라 부르는 집중력은 정신을 맑게 한다. 서로의 소리를 들으며 균형을 맞추는 과정은 경청과 배려를 배우는 훈련이다. 또한 가사는 감성을 깊게 하고, 인생의 의미를 풍성하게 만든다. 한 사람의 음성은 작지만, 그 음이 모여 화음을 이루면 놀라운 울림을 만든다. 동시에 합창은 나를 내려놓는 훈련이기도 하다. 내 목소리를 자랑하기보다, 전체의 소리에 자신을 맞추는 일이다. 무대에서 느끼는 긴장과 설렘, 그리고 연주가 끝난 후 찾아오는 깊은 평화와 카타르시스는 건강함과 생명력을 경험하게 한다.

성가대의 합창은 단지 음악이 아니다. 그것은 하나님 앞에 서는 공동의 예배이다. 각기 다른 사람들이 하나의 호흡과 박자를 공유하며, 한 분 하나님께 찬양을 올려드리는 행위— 그것이 바로 합창의 본질이다. 따라서 성가대의 합창은 단순한 취미나 공연이 아니라, 하나님의 말씀을 노래로 선포하는 예배 사역이다.

하나님께서 우리를 다르게 만드신 이유는 서로를 보완하여 더 아름다운 조화를 이루게 하기 위함이다. 합창은 그 창조의 원리를 눈앞에서, 귀로, 몸으로 경험하게 한다. 그리고 그 울림의 끝에서 우리는 깨닫는다. 합창이란 곧 하나님의 나라를 미리 경험하는 가장 가까운 방식임을.

> • **Self check!** •
>
> 성가대에서 나는 . . .
> (1) **존중**받고 있는가?
>   아니다 1 2 3 4 5 6 7 8 9 10 그렇다
> (2) **몰입**하여 찬양하는가?
>   아니다 1 2 3 4 5 6 7 8 9 10 그렇다
> (3) 감정을 **공감**하며 찬양하는가?
>   아니다 1 2 3 4 5 6 7 8 9 10 그렇다
> (4) **즐거운가**?
>   아니다 1 2 3 4 5 6 7 8 9 10 그렇다
> (5) **자발적**인가?
>   아니다 1 2 3 4 5 6 7 8 9 10 그렇다

[그림 1] 성가대원은 '소리로 섬기는 예배자'다
존중받는 성가대원은 행복하게 찬양에 몰입한다.
가사를 공감하면서 즐겁게 찬양하며, 자발적이다.

1. 소리

우리가 살아가는 세상은 수많은 소리로 가득하다. 새소리, 바람에 흔들리는 나뭇잎의 소리, 아이의 웃음소리, 그리고 도시의 소음까지, 세상은 쉼 없이 울린다. 그러나 모든 소리가 다 같은 가치를 지니는 것은 아니다. 좋은 소리가 있고 나쁜 소리가 있다.

음향물리적으로 좋은 소리는 듣기 편한 음역의 부드러운 음향의 소리라 할 수 있다. 반면에 나쁜 소리는 귀에 거슬리거나 시끄러운 소음들이다.

언어적으로 좋은 소리는 칭찬과 격려, 그리고 인정의 뜻을 담은 말들이다. 진심이 담긴 따뜻한 말 또한 좋은 소리일 것이다. 반대로 나쁜 소리는 부정적이거나 폭력적인 언어, 즉 사람의 마음에 상처를 남기는 악한 말이다.

음악적으로 좋은 소리는 화음과 조화가 이루어진 소리이며, 기술적인 완성도가 높고 문화적 가치를 담고 있다. 반면 음악적으로 나쁜 소리는 불쾌감이나 부정적인 정서를 유발하는 소리로, 대개 음악적·기술적 결함에서 비롯된다.

심리적으로 좋은 소리는 안정감과 평안함을 주는 소리이고, 나쁜 소리는 불안과 초조, 불쾌감이나 섬뜩함을 불러온다. 영적으로 좋은 소리는 내면에 위로와 평안을 주는 소리이며, 그 반대의 소리는 내면의 불일치와 불안, 공포, 두려움을 일으킨다.

이제 그 소리의 방향을 내면으로 돌려보자. 세상에는 외부에서 들리는 소리만이 아니라, 내 몸이 내는 소리, 즉 몸소리가 있다. 이는 인간이 언어를 배우기 전부터 존재하는 가장 원초적인 소리이다. 한숨, 옹알이, 웃음, 울음, 비명, 신음소리 같은 소리들이다. 이런 소리들은 생각보다 정직하다. 우리의 몸과 감정이 어떤 상태인지를 가장 먼저 알려주는 신호이기 때문이다. 긴장이 쌓이면 숨소리가 거칠어지고, 평안하면 호흡이 깊어진다. 몸의 소리는 몸의 상태를 비추는 거울이다.

이 몸소리는 유형적인 것과 비유형적인 것으로 구분된다. 유형적인 소리는 귀로 들을 수 있는 숨소리나 웃음, 신음 같은 소리들이며, 비유형적인 소리는 몸의 자세와 근육의 긴장, 혹은 호흡의 패턴처럼 소리로 표현되지는 않지만 진동이나 느낌으로 알아차리는 소리이다. 실제로 우리 몸은 정교한 악기이며, 끊임없이 진동한다. 수분이 부족하면 목이 마르듯, 마음이 지치면 숨이 얕아진다. 그래서 우리는 평소 내 몸이 내는 소리에 귀 기울여야 한다.

그중에서도 목소리는 특별하다. 목소리는 인간 신체 안에 존재하는 유일한 악기다. 현악기나 관악기, 타악기는 외부의 도구가 필요하지만, 목소리는 우리 몸에서 나오는 소리다. 그래서 자신의 목소리를 찾는 일은 곧 자신을 찾는 일이 된다. 사람마다 얼굴이 다르듯, 목소리에는 저마다의 삶과 감정, 영혼의 결이 담겨있다. 그러므로 자신의 목소리를 인식하고 돌보는 일은 단순히 음악적 기술의 문제이기 전에 자신을 찾고 돌보는 일이다.

1) 네 가지 형태의 음악적 목소리

첫째는 허밍(Humming)이다. 이가 서로 닿지 않게 입술을 붙여 부드럽고 지속적으로 내는 소리를 말한다. 허밍은 노래나 토닝 발성에 기초가 되는 매우 중요한 활동이다.

둘째는 토닝(Toning)이다. 이는 단음 또는 모음을 반복적으로 유지하여 내는 소리로써 몸에 진동을 느끼도록 하는 방식이다. 토닝은 음정이나 리듬보다 소리의 에너지와 공명에 초점을 맞춘다. 이는 치유나 명상에서 자주 사용되며, 자신 안의 생명력을 깨우는 효과가 있다.

셋째는 찬팅(Chanting)이다. 멜로디나 단선율을 반복해 내는 소리로, 동양의 염송이나 서양의 그레고리안 찬트가 여기에 속한다. 이는 음악이라기보다 영적 진동의 행위로, 마음을 집중시키고 내면의 질서를 세우는 데 목적이 있다.

넷째가 노래(Singing)이다. 음정을 지니고 리듬에 가사를 실어 감정을 표현하는 소리로써 예술적 표현의 가장 완성된 형태이다.

사실 많은 이들이 노래는 익숙하지만 허밍과 토닝은 낯설고 익숙하지가 않다. 하지만 허밍과 토닝 연습을 꾸준히 하면, 신체생리적으로나 심리적으로 놀라운 유익을 경험할 수 있다.

▨ 허밍과 토닝이 유익한 이유

(1) 호흡 개선과 폐 건강 증진

허밍과 토닝 발성은 깊고 규칙적인 호흡을 유도하여 폐를 확장시키고, 폐활량을 증가시킨다. '허밍'은 입을 다문 채 코로 숨을 내보내면서 소리를 내는 방법인데, 이때 생기는 진동이 폐와 기관지를 부드럽게 자극한다. 공기가 폐의 깊은 곳까지 도달하면서 산소가 충분히 공급되고, 이산화탄소의 배출이 원활해진다. 이러한 호흡의 순환은 호흡기 건강을 강화시켜, 성가대원들이 안정적인 호흡과 발성을 유지할 수 있게 한다.

(2) 스트레스 완화와 심리적 안정

허밍과 토닝에서 생겨나는 부드러운 진동은 자율신경계를 진정시키는 효과가 있다. 소리가 몸을 통해 퍼지면서 미세한 마사지처럼 작용하여 신체의 긴장을 풀고, 스트레스를 감소시킨다. 이러한 호흡과 진동의 조화는 불안과 초조함을 완화하고, 마음을 평온하게 만들어 준다. 실제로 음악치료에서도 허밍은 마음을 가라앉히고 자율신경의 균형을 회복시키는 데 사용된다.

(3) 심장 건강에 도움

허밍할 때 발생하는 낮은 진동은 심장 박동과 혈류의 리듬을 조화롭게 만든다. 진동이 목과 흉곽을 거쳐 신체 내부로 전달되면 혈액 순환이 원활해지고, 심장의 부담이 줄어든다. 그 결과 혈압이 안정되고, 심장이 더 효율적으로 작동하게 된다. 하루 몇 분이라도 조용히 허밍을 하는 습관은 심장의 리듬을 안정시키는 데 매우 유익하다.

(4) 근육 이완과 긴장 완화

허밍과 토닝을 지속적으로 하면 목, 얼굴, 턱 주변 근육의 긴장이 완화된다. 이 부위는 스트레스가 쌓일 때 가장 먼저 굳어지는 곳이기도 하다. 소리의 미세한 진동은 근육을 풀어주고, 뭉친 부위의 순환을 개선하며, 통증이나 압박감을 완화시킨다. 그 결과 발성 시 불필요한 힘은 빠지고, 보다 자유롭고 편안한 소리를 낼 수 있게 된다.

(5) 정서적 해소와 감정 발산

토닝은 자신의 감정을 건강한 방식으로 표현하고 해소하는 발성법이다. 특정 음정을 맞추기보다는, 마음이 이끄는 대로 자연스럽게 소리를 내며 내면의 울림을 경험한다. 이 과정에서 억눌렸던 감정이 부드럽게 흘러나오면서 마음의 균형을 회복한다. 토닝이 우울이나 분노, 불안과 같은 감정을 정화하는 데 효과적임이 연구에서 보고되고 있다.

(6) 자기 인식과 마음챙김 증진
토닝은 내면의 소리를 듣는 시간이다. 소리를 낼 때마다 자신에게로 집중하게 되고, '지금 이 순간'의 호흡과 감정에 귀 기울이게 된다. 이렇게 자기 인식이 높아지면, 우리는 감정의 흐름을 객관적으로 바라보고 다스릴 수 있다. 찬양대원에게 이는 예배 전 마음을 정돈하고, 하나님 앞에 진실하게 서는 내적 준비의 과정이 된다.

(7) 수면의 질 개선
허밍과 토닝은 신체와 정신을 이완시켜 숙면을 돕는 자연스러운 이완법이다. 저녁 시간에 가볍게 10분 정도 허밍을 하면, 심박수가 안정되고 호흡이 고르게 되어 잠들기 전에 긴장이 이완된다. 특히 수면 장애나 불면으로 어려움을 겪는 사람에게는 약물 없이 사용할 수 있는 훌륭한 긴장 이완의 방법이다.

(8) 면역 체계 강화
소리를 낼 때의 진동과 호흡의 리듬은 자율신경계를 조절하여 면역 기능을 활성화한다. 스트레스가 줄어들면 면역계가 정상적으로 작동하고, 감염이나 염증에 대한 저항력이 높아진다. 이는 장기적으로 신체 전반의 건강을 유지하는 데 중요한 역할을 한다.

(9) 심리적 안정과 긍정적인 감정 형성

허밍과 토닝은 자신과의 관계를 회복하는 일이다. 자신의 소리에 귀 기울이며 진동을 느끼는 과정 속에서 우리는 '살아 있는' 감각을 되찾고, 그 소리 속에서 하나님께서 주신 생명의 리듬을 느낀다. 이때 마음속 깊은 곳에서는 평화와 감사, 긍정의 감정이 자라난다.

◎ 실천을 위한 제언

허밍과 토닝은 복잡한 음악적 기술이 아니라, 누구나 일상 속에서 실천할 수 있는 발성 훈련이다. 아침에는 짧게 허밍으로 하루를 시작하고, 잠들기 전에는 부드러운 토닝으로 마음을 정돈해보자.

처음에는 단 한 음, '음—' 하고 내는 단순한 소리로 충분하다. 눈을 감고 소리의 진동이 얼굴과 가슴, 복부, 그리고 몸 전체에 번져 가는 것을 느껴보라. 그 진동 속에서 몸은 이완되고, 마음은 안정되며, 영혼은 하나님께 향한다.

찬양대원의 발성은 단순한 소리 내기가 아니다. 그것은 내면의 평화와 믿음을 소리로 드러내는 예배 행위이다. 바른 발성과 호흡이 함께할 때, 우리의 노래는 단순한 음이 아니라 하나님께 올려드리는 한 편의 기도, 한 줄기의 생명 같은 찬양이 된다.

2) '의도'는 소리의 방향성을 결정

소리 그 자체는 중립적인 에너지이지만 여기에 '의도(intention)'

가 더해질 때, 방향성을 갖고 더 큰 영향력을 행사한다. 사랑의 마음으로 낸 소리는 위로와 치유의 메시지를 전하지만, 분노나 시기에서 나온 소리는 불안감을 야기시킨다. 소리치유의 관점에서 볼 때, "의도"는 소리를 사용하는 첫 번째 원리이다.

강하고 길게, 그러나 부드러운 마음으로 내는 한 음은 우리 몸의 생명 에너지를 깨우고, 그 진동이 몸의 깊은 곳까지 울려 퍼진다. 어떤 경우, 지금 신체에서 불편함을 느끼는 부분에 소리를 집중하여 내보낼 수 있다. 그래서 그 부분을 소리진동이 통과하면서 신체가 이완되도록 하는 경우이다.

이제 이런 소리의 이해를 통해 합창의 발성으로 나가보자. 합창은 단지 여러 사람이 동시에 소리를 내는 것이 아니라, 각자의 몸소리가 하나의 목소리로 조화되는 과정이다. 그러므로 성가대원에 있어 합창의 발성은 단순히 기술적인 훈련이 아니라, 몸과 마음을 하나로 정돈하는 영적 연습이다. 바른 발성은 호흡을 통해 몸의 긴장을 풀고, 공명을 통해 마음의 막힌 곳을 열며, 서로의 음을 들으며 사랑의 질서를 배우게 한다.

2. 발성

사람의 목소리는 단순히 성대의 울림만으로 만들어지지 않는다. 우리의 몸 전체가 하나의 악기이며, 소리를 생성하고 조절하고 아름답게 빚어내는 여러 기관이 서로 유기적으로 협력할 때 비로소 "노래"가 된다.

1) 주요 발성 메커니즘 4가지

성악에서 이 과정을 담당하는 기본적인 네 가지 메커니즘은 다음과 같다. 성대(vibrator), 폐(respirator), 공명강(resonator), 발음기관(articulator)이다. 이 네 기관은 각각 소리의 진동, 호흡의 에너지, 음색의 울림, 가사의 표현을 담당한다. 성가대원은 이 네 부분이 어떻게 작동하는지를 이해함으로써, 자신의 몸을 하나님께 드리는 완전한 악기로 사용할 수 있다.

(1) 바이브레이터 - 성대(Vocal Folds)

노래의 첫 울림은 성대에서 시작된다. 성대는 후두 안쪽에 위치한 두 개의 얇고 탄력 있는 근육막으로, 공기의 흐름을 진동시켜 소리의 근원이 된다. 후두는 흔히 '목젖' 아래쪽에 있는 작은 기관으로 보이지만, 그 안에는 정교한 근육과 신경이 얽혀 있어 미세한 긴장과 이완으로 음고와 음색을 조절한다.

성대는 평소에는 열린 'V'자 형태를 하고 있다가, 노래할 때는 서로 맞닿으며 진동한다. 이때 폐에서 밀려 올라온 공기가 성대 사이를 통과하면서 베르누이 효과가 일어나고, 그 결과 공기 흐름이 끊임없이 진동하며 파동을 만든다. 이 진동수가 바로 음높이를 결정하고, 그 속도의 미세한 변화가 음색의 다양성을 만들어낸다.

잘 훈련된 성가대원은 성대를 억지로 조이지 않는다. 대신 호흡의 힘으로 부드럽게 성대를 떠받치며, 공기와 진동이 자연스럽게 어우러지도록 조절한다. 성대를 과도하게 긴장시키면 일시적으로 큰 소리가 날 수 있지만, 그 소리는 곧 피로와 손상을 불러온다. 건강한 발성은 힘이 아니라 균형에서 비롯된다. 성대는 악기의 현(弦)과 같다. 현이 단독으로는 소리를 내지 못하듯, 성대 역시 공기와 울림이 함께할 때에만 노래가 된다.

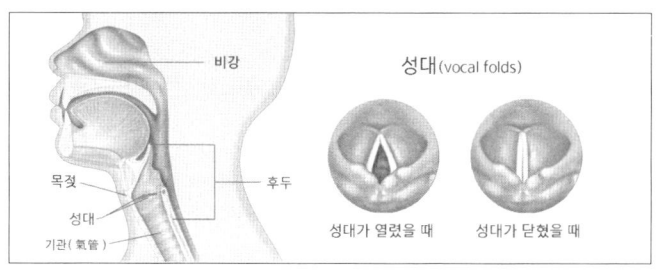

[그림 2] 목에서의 성대의 위치, 성대가 열렸을 때와 닫혔을 때를 보여준다.

용어설명: 목젖(Adam's apple)은 성대 자체가 아니라, 성대를 감싸고 있는 갑상연골의 앞부분이 돌출된 것이다. 성대(Vocal cords)는 이 연골의 안쪽, 약간 깊은 곳에 위치해 있는데, 공기의 흐름을 받아 진동하며 소리를 내는 기관이다. 기관(Trachea)은 코나 입을 통해 들어온 공기가 폐로 들어가는 통로이다. 비강(Nasal passage)은 공기가 들어오는 통로로, 냄새를 맡고 공기를 따뜻하게 하는 역할을 한다. 후두(Larynx)는 갑상연골의 앞부분이 돌출된 것으로 성대를 보호하고, 발성 시 성대가 부착되어 진동하도록 한다.

> **훈련 팁**
>
> 검지와 중지 두 손가락을 펴서 목젖에 가볍게 댄다. 그 상태에서 편안하게 "아~" 소리를 내며, 낮은음에서 높은음으로 사이렌 소리처럼 부드럽게 이어서 소리내어 본다. 이때 낮은음에서는 목젖이 아래로 내려가거나, 높은음에서는 위로 올라가지 않도록 의식하며 여러 번 반복해 보라. 음의 높낮이에 상관없이 목젖이 말할 때와 같은 위치를 유지할 때 좋은 소리, 즉 편안한 소리가 난다. 다음 단계로는 익숙한 찬송가 〈내 주를 가까이〉나 〈나 같은 죄인 살리신〉을 부르며 같은 방법을 적용해 보라. 두 손가락을 목젖에 대고, 소리를 내는 동안 목젖의 위치가 일정하게 유지되는지 느끼며 조절한다. 익숙해지면 손가락을 떼고 노래해 보되, 여전히 목젖이 일정한 위치에 머무르는지 의식하며 주의 깊게 연습한다.

(2) 호흡기 – 폐(Lungs)

성악의 생명은 호흡이다. 호흡은 단순한 생리적 과정이 아니라, 영적 행위이기도 하다. 하나님께서 사람에게 생기를 불어넣으셨을 때 인간이 '생령'이 되었듯, 찬양의 소리도 성령의 호흡이 불어넣어질 때 생명을 얻는다.

폐는 소리를 만들어내는 에너지의 원천이다. 그 아래쪽에는 돔 모양의 횡격막(diaphragm)이 자리하고 있다. 숨을 들이마실 때 횡격막이 아래로 내려가 흉곽이 확장되며 공기가 들어오고, 숨을 내쉴 때는 횡격막이 올라가며 공기를 밀어낸다. 이 단순한 원리를 통해 우리는 발성의 모든 동력을 얻는다. 그러나 좋은 발성은 단순한 '들이쉬기'가 아니다.

성악에서는 숨을 들이마신 뒤 바로 내쉬지 않고, 짧은 순간 호흡을 머금는 정지 상태를 만든다. 그 상태에서 공기가 성대를 통과할 때 일정한 압력과 흐름을 유지하도록 조절하는데, 이것이 바로 이탈리아 성악 전통에서 말하는 아포조(appoggio), 즉 "호흡으로 떠받친다"는 개념이다.

성가대원이 이 원리를 익히면, 긴 구절을 부를 때도 성대가 흔들리지 않고 안정적으로 유지된다. 숨을 억지로 내뱉지 말고, 공기가 자연스럽게 성대를 통과하도록 느껴보라. 그 순간 소리는 더욱 멀리, 부드럽게, 그리고 자유롭게 퍼져 나간다. 성악은 사실 성대의 예술이라기보다 호흡의 예술이라고 할 수 있다.

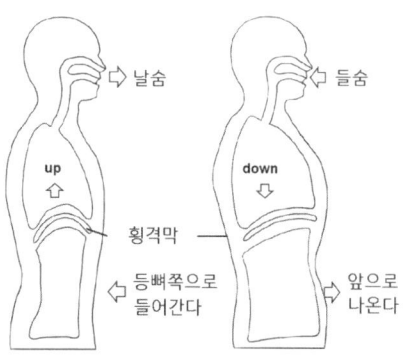

[그림 3] 복식호흡에서 횡격막의 운동

횡격막은 가슴(흉강)과 배(복강)를 가르는 얇은 근육막으로, 우리가 숨을 쉴 때 가장 중요한 호흡근이다. 들이쉴 때에는 횡격막이 아래로 내려가면서 폐가 팽창하고, 내쉴 때는 횡격막이 위로 올라가며 공기가 배출된다

(3) 레조네이터 – 공명강(Resonating Cavities)

성대가 만들어내는 소리는 그 자체로는 단지 미세한 '진동음'에 불과하다. 그 진동이 우리 몸 속의 여러 울림통, 즉 공명강을 통과하면서 비로소 음악적인 목소리가 된다.

공명강은 인두, 구강, 그리고 비강으로 구성되어 있으며, 각각의 공간이 소리의 색깔을 결정한다. 인두는 목의 깊은 부분으로, 가장 큰 울림통이다. 이곳이 열리면 소리는 깊고 웅장해진다. 하품하듯 인두를 열면 울림이 풍성해지고, 하나님을 향한 장엄한 찬양이 더 큰 무게를 가진다.

구강은 입안의 공간으로, 소리의 밝기와 선명도를 결정한다. 혀와 입술, 턱의 움직임에 따라 공명 형태가 바뀌며, 모음의 색깔이 달라진다. 밝고 맑은 소리를 내고 싶다면 혀의 뿌리를 낮추고, 입안의 공간을 넓혀야 한다. 비강은 코 안쪽의 좁은 통로지만, 음색에 따뜻함과 부드러움을 더한다. 비강 공명이 부족하면 소리가 평평하고 메마르게 들리며, 과하면 '콧소리'처럼 울리기 때문에 균형이 중요하다.

코 주변, 이마와 광대 사이에서 가볍게 울리는 미세한 진동을 느낄 때, 그것이 바로 이상적인 마스크 공명이다. 공명은 힘으로 만드는 것이 아니라 공간으로 만드는 것이다. 몸의 통로가 막히면 소리도 막힌다. 혀와 턱, 목의 긴장을 풀고, 하늘을 향해 열린 공간을 만들어라. 그때 당신의 목소리는 단지 음이 아니라 빛처럼 투명한 울림이 된다.

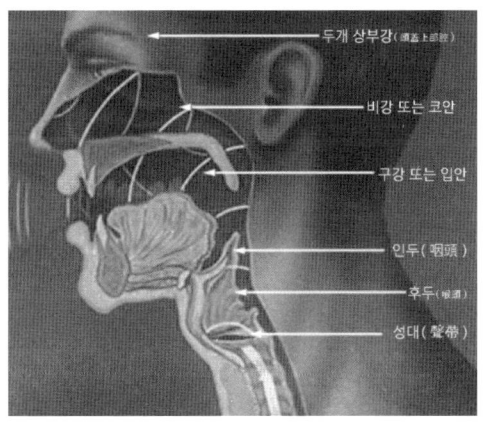

[그림 4] 공명강

두개 상부강(Upper skull cavity)은 두개골 안쪽 윗부분의 공간으로, 뇌가 들어 있는 부위이다. 비강(Nasal cavity)은 코 안쪽의 빈 공간으로 공기가 드나들며 온도와 습도를 조절하고 냄새를 맡는 기능을 한다. 구강(Oral cavity)은 입술에서부터 목구멍 앞까지의 공간으로 발성과 발음의 중요한 공명강 중 하나이다. 인두(Pharynx)는 코와 입 뒤쪽에서 식도와 후두로 이어지는 통로로 공기와 음식이 지나가는 길이며 중요한 공명 공간이다.

(4) 아티큘레이터 – 발음기관(입술, 치아, 혀, 턱)

성대와 공명강이 소리를 만들었다면, 이제 그 소리를 '말'로 다듬는 과정이 필요하다. 이를 담당하는 기관이 바로 발음기관(articulators)이다.

입술은 모음의 형태를 조절한다. 둥근 입술은 '우(u)', '오(o)' 소리를 만들고, 넓게 벌어진 입술은 '아(a)', '에(e)'의 밝은 소리를 낸다. 치아는 자음의 마찰음을 명확하게 표현하며, 혀는 모음의 높이와 자음의 정확도를 결정한다. 턱은 입을 여는 정도를 조절하며, 발음의 유연성을 돕는다.

성가대에서는 이 네 기관이 조화롭게 움직여야 한다. 왜냐하면 찬양은 단순한 소리가 아니라 말씀의 선포이기 때문이다. 가사는 하나님의 진리를 담은 언어이므로, 그 의미를 분명히 전달하는 것이 곧 신앙의 표현이다. 따라서 성가대원은 노래할 때 단순히 음정을 맞추는 것에 그치지 말고, 가사의 자음과 모음을 의도적으로, 또렷하게 표현해야 한다. 특히 여러 명이 함께 부를 때는 모음의 형태를 통일해야 화음이 깨끗하게 들린다. '아'는 입을 세로로, '이'는 입꼬리를 살짝 옆으로, '오'는 둥글게. 이처럼 작은 차이가 전체의 울림을 완전히 바꾼다.

 자음은 단단히 닫되, 강하게 튀기지는 말라. 'ㄴ, ㄹ, ㅁ'은 부드럽게, 'ㅅ, ㅆ'은 소리를 낼 때 시작점에서 센소리로 닫지 말고 공기의 흐름 속에 가볍게 스며들게 하다.

 턱은 늘 자유롭고 유연해야 한다. 노래 중 턱이 굳으면 성대가 긴장한다. 거울을 보며 "입은 크지만 턱은 부드럽게 움직이는" 연습을 꾸준히 하라.

 이렇듯 발음기관은 언어의 악기이다. 입술과 혀가 춤추듯 움직일 때, 노래는 살아난다. 가사가 생명을 얻을 때 찬양은 단순한 음악이 아니라 하나님 말씀의 울림이 된다.

2) 성악의 기본 원칙 5가지

　노래는 단순한 소리의 기술이 아니라, 몸과 마음이 하나로 움직이는 예배의 행위이다. 좋은 목소리는 타고나는 것이 아니라 만들어지는 것이다. 그리고 그 기초는 언제나 이 다섯 가지 원칙에서 출발한다.

(1) 호흡

호흡은 모든 소리의 근원이다. 성악에서의 호흡은 단순히 공기를 들이쉬는 행위가 아니라, 생명의 에너지를 다루는 기술이다. 하나님께서 사람에게 생기를 불어넣으셨을 때 인간이 살아난 것처럼, 노래의 호흡도 성령의 생기를 담아야 한다.

좋은 호흡은 깊고 안정되어야 한다. 숨을 들이쉴 때 가슴을 올리지 말고, 복부와 옆구리가 부풀어 오르는 것을 느껴야 한다. 그것이 바로 복식호흡이다. 폐의 하부가 충분히 확장되면 성대에 가해지는 압력이 부드러워지고, 소리는 보다 자유롭고 유연하게 흘러나온다.

숨을 들이쉰 뒤에는 바로 내쉬지 말고, 잠시 "숨을 머금은 상태"를 유지한다. 그 짧은 정지의 순간에 공기의 흐름이 안정되고, 성대와 호흡이 하나로 연결된다. 그다음, 마치 실을 길게 풀어내듯 천천히 내쉰다. 이때 중요한 것은 '조절된 내쉼'이다.

공기를 한꺼번에 내뿜지 말고, 일정한 압력으로 성대를 통과시키는 것이다. 노래를 하며 "숨이 모자라다"고 느낄 때는 대부분

숨이 부족한 것이 아니라, 숨의 흐름이 불안정하거나 낭비되고 있기 때문이다. 성악의 호흡은 많은 숨을 들이쉬는 것이 아니라, 조용히, 길게, 그리고 일정하게 내쉬는 법을 배우는 것이다.

(2) 자세

성가대원에게 몸은 악기다. 몸이 틀어지면 소리도 막히고, 몸이 열리면 소리도 열린다. 좋은 자세는 바른 소리의 첫걸음이다. 바르게 선다는 것은 억지로 군대식으로 '꼿꼿이' 서는 것이 아니다. 머리에서부터 척추, 골반, 발끝까지 균형 있게 정렬된 자연스러운 상태를 말한다. 발은 어깨너비로 벌리고, 체중을 두 발에 고르게 실어야 한다. 어떤 때에는 왼발이든 오른발이든 한 쪽발을 약간 앞으로 내어 서는 것이 몸의 균형을 이루는 데 도움이 되기도 한다.

[그림 5] 서서 노래할 때의 자세

무릎은 잠그지 말고, 살짝 풀어주면 몸의 중심이 안정된다. 어깨는 내리고, 가슴은 들어 올리되 과하지 않게 한다. 악보는 지휘자를 보면서 굳이 머리를 숙이지 않아도 악보를 볼 수 있게 조금 올려서 든다. 이때 왼손은 악보 중앙을 받치며 오른손은 악보를 넘길 수 있는 위치에 둔다. 머리는 하늘로부터 가볍게 당겨 올려진 느낌으로 세운다. 이때 턱은 자연스럽게 내려가 있어야 한다. 턱이 올라가면 성대가 눌리고, 목의 긴장이 생긴다.

이러한 자세를 취하면 횡격막이 자유롭게 움직이고, 공명 공간이 열리며, 호흡과 발성이 하나로 연결된다. 연습 중에는 때로 거울을 보며 자신이 '긴장된 자세'로 서 있는지 확인해야 한다. 특히 장시간 서서 찬양할 때는 무릎과 허리의 긴장을 수시로 풀어주어야 한다.

(3) 공명

좋은 소리는 힘으로 내는 것이 아니라, 울림으로 만드는 것이다. 이 울림을 결정짓는 것이 바로 공명이다. 성대에서 만들어진 원음은 매우 작고 거친 진동에 불과하다. 그러나 이 소리가 인두, 구강, 비강 등 여러 공명강을 거치면서 배음이 풍성해지고 음색이 깊어진다.

공명을 위해서는 먼저 공간을 열어야 한다. 입안을 넓히고, 목 뒤의 인두를 하품하듯 열면 소리가 즉시 달라진다. 이것이 '공명 공간 확보'의 기본이다. 비강과 이마 주변, 이른바 마스크 포인트에 미세한 진동이 느껴질 때, 소리가 멀리 나가면서도 부드럽게 울린다. 이때 힘을 주거나 코로 소리를 밀어내서는 안 된다. 그저 공기의 흐름을 느끼며, 얼굴 앞쪽으로 울림이 떠오르는 것을 경험하라.

훈련된 성가대의 소리는 단순히 크지 않다. 오히려 가볍고 투명하며, 멀리 퍼진다. 그 비결은 '공기의 압력'이 아니라 '울림의 공간'에 있다.

(4) 발음

찬양은 음악이면서 동시에 말씀의 선포이다. 그러므로 발음은 성악의 기술을 넘어, 신앙의 전달 수단이다. 음정이 맞아도 가사가 들리지 않으면, 찬양의 의미는 반감된다.

모음은 소리의 기초이며, 자음은 의미를 전달한다. '아', '에', '이', '오', '우' 다섯 가지 기본 모음을 명확히 구분하여 발음해야 한다. 특히 여러 대원이 함께 부를 때는 모음의 형태를 통일해야 한다. 같은 '아'라도 어떤 이는 세로로, 어떤 이는 가로로 벌리면 음색이 서로 섞이지 않아 화음이 탁해진다. 모든 파트가 동일한 입 모양으로 부를 때, 놀라울 정도로 깨끗한 소리가 만들어진다. 자음은 너무 강하면 거칠고, 너무 약하면 의미가 사라진다. 'ㄴ, ㄹ, ㅁ'은 부드럽게, 'ㅅ, ㅆ'은 공기 속으로 흘리듯 처리하는 것이 좋다. 이때 혀와 입술은 유연하게, 턱은 자유롭게 유지해야 한다. 노래는 말이 살아 있을 때 진짜가 된다.

(5) 표현

마지막으로 성악의 완성은 표현이다. 기술적으로 정확한 발성도, 공명도 중요하지만, 그것이 마음을 담지 못하면 단지 소리일 뿐이다. 진정한 성악은 감정과 신앙이 일치하는 순간에 완성된다.

성가대의 노래는 공연이 아니라 예배다. 따라서 표현은 감정의 과장이 아니라, 믿음의 진실함에서 비롯되어야 한다. 기쁨의 찬양은 밝게 웃으며, 회개의 찬송은 고개를 숙이고, 감사의 노래는 눈빛으로 감격을 전해야 한다. 표정과 호흡, 몸의 움직임이 가사와 하나가 될 때 듣는 이의 마음에도 성령의 울림이 전해진다.

위에서 살펴본 성악의 다섯 가지 원칙, 호흡, 자세, 공명, 발음, 표현은 서로 떨어진 기술이 아니라, 하나의 유기적 순환 구조를 이룬다. 호흡이 몸을 살리고, 바른 자세가 그 호흡을 지탱하며, 공명이 소리를 빚고, 발음이 언어로 형상화되고, 마지막으로 표현이 그 모든 것을 하나님께 드리는 예배로 완성한다.

성가대원은 음악가이기 전에 예배자다. 그의 소리는 음정으로 평가되는 것이 아니라, 얼마나 하나님께 가까이 닿았는가로 평가된다. 이 다섯 가지 원칙을 매일 연습하며, 그 속에서 자신을 다듬는다면, 그의 목소리는 단순한 노래가 아니라, 하나님의 사랑이 흐르는 통로가 될 것이다.

성가대의 발성 훈련은 개인의 기교보다 공동체적 조화를 목표로 해야 한다. 서로의 소리가 섞이고, 하나의 마음으로 울릴 때 그것은 단순한 합창이 아니라 "하나님이 기뻐하시는 소리"가 된다.

다음의 다섯 단계는 성가대의 실제 연습 시간(예: 주일 전 리허설, 주중 연습 등)에서 매번 실천할 수 있도록 구성된 5단계 발성 훈련 프로그램이다.

1단계. 호흡 준비

연습의 첫 단계는 언제나 호흡 정리로 시작해야 한다. 호흡은 소리의 생명이며, 예배의 첫 기도이기 때문이다. 성가대원들은 두 발을 어깨너비로 벌리고, 무릎의 긴장을 살짝 풀고 편안히 선다. 양손은 몸 옆에 두고, 어깨와 턱의 힘을 완전히 내려놓는다.

이제 천천히 코로 숨을 들이마신다. 숨이 가슴으로 들어오는 것이 아니라, 아랫배와 옆구리, 그리고 등 쪽까지 차오른다고 느껴야 한다. 그때 배와 옆구리가 부풀어 오르고, 갈비뼈 주변이 살짝 열리는 감각이 들면 좋다. 이것이 바로 복식호흡의 시작이다.

숨을 들이쉰 뒤 1~2초간 머금은 채 정지한다. 그 정지의 순간, 마음속으로 이렇게 기도해 보라. "하나님, 이 숨은 제 소리가 아니라 주님께 드릴 예배의 호흡입니다." 그다음, "하아-" 하고 부드럽게 내쉰다. 공기를 한 번에 내뱉지 말고, 마치 긴 실을 감아 풀 듯 일정한 속도로 내보낸다. 호흡이 안정되면 마음도 고요해진다. 찬양의 준비는 언제나 평안한 호흡에서 시작된다.

> **훈련 팁:**
> 매 연습 전 2~3분간 '무음 호흡'(소리 없이 숨 쉬기)을 반복하면 호흡 근육이 풀리고, 후두의 긴장이 완화된다.

2단계. 기본 자세 — 몸을 악기로 세우다

이제 몸의 균형을 바로잡는 단계이다. 좋은 자세는 아름다운 소리를 위한 악기 조율과 같다. 거울 앞에 서서 자신이 똑바로 서 있는지 확인한다. 어깨가 한쪽으로 기울어 있거나, 턱이 앞으로 빠져 있지는 않은가? 가슴은 과도하게 내밀지 말고, 자연스럽게 열어 준다. 턱은 살짝 안으로 넣어 "머리 꼭대기에서 실로 잡아 당겨지는 느낌"을 유지한다. 팔은 몸 옆에서 가볍게 떨어뜨리고, 무릎은 고정하지 않는다. 몸 전체가 고요하게 흔들리지 않는 중심축을 가지되, 유연한 탄력성을 잃지 않도록 한다. 이 자세로 1~2분간 서 있는 것만으로도 몸의 중심이 안정되고, 공명의 통로가 열린다.

훈련 팁:
"발바닥 → 무릎 → 골반 → 척추 → 어깨 → 머리"
이 선이 곧고 부드럽게 이어질 때, 몸 전체가 하나의 악기가 된다.

3단계. 공명 훈련 — 울림의 문을 여는 시간

성가대의 소리는 음량보다 울림의 질이 중요하다. 이 단계에서는 공명 공간을 열고, 얼굴 앞쪽으로 울림을 모으는 훈련을 한다.

① "음–음–음" 연습
입을 다문 상태에서 콧소리로 "음~" 소리를 길게 낸다. 코와 이마 사이, 눈썹 위쪽이 가볍게 진동하는 느낌이 들면 올바른 공명이다. 이 소리가 머리 속으로 번지듯 울릴 때, 소리가 멀리 나가지 않아도 공간 전체가 가볍게 떨리는 것을 느낄 수 있다.

② "나-네-니-노-누" 모음 연습

모음을 바꿔가며 같은 높이로 소리를 낸다. 이때 입 모양은 자연스럽게, 혀는 편안하게 둔다. 입안의 공간이 넓어질수록 소리는 맑고 밝게 퍼진다.

③ "하품 공명" 훈련

하품하듯 크게 입을 벌리고, 목 뒤쪽을 열어 "하-" 소리를 낸다. 이때 인두가 확장되며 깊은 울림이 형성된다. 이 소리가 성스러운 분위기를 만들고, 성가곡의 장엄함을 살리는 데 큰 도움이 된다.

> **훈련 팁:**
> 공명은 '공간의 예술'이다.
> 목을 조이지 말고, 공간을 여는 데 집중하라.

4단계. 발음 훈련 — 가사에 생명을 불어넣다

성가대의 노래는 음악이 아니라 말씀의 선포이므로, 가사의 전달력은 발성만큼 중요하다.

① 모음 통일 연습

'아, 에, 이, 오, 우'를 천천히 발음하며 입 모양을 거울로 확인한다. 같은 모음을 여러 번 반복할 때, 입 모양이 변하지 않도록 주의한다.

② 자음 명료화 연습

'라, 레, 리, 로, 루', '나, 네, 니, 노, 누'와 같은 음절을 반복한다. 혀끝이 치아 뒤쪽 잇몸에 닿는 위치를 정확히 유지하며 발음한다. 소리는 세게 내지 말고, 부드럽게 밀어 넣듯 발음해야 한다.

③ 가사 낭독 발성

연습할 성가곡의 가사를 리듬에 맞춰 말하듯 낭독해 본다. 예를 들어 "주는 나의 목자시니"를 단순히 읽는 것이 아니라, "주-는 / 나-의 / 목-자-시-니" 식으로 리듬과 운율을 살려 말한다. 그 후 같은 리듬으로 노래하면, 발음과 음악이 하나가 된다.

> **훈련 팁:**
> 성가대 전체가 모음 연습을 통일하면, 화음의 투명도가 눈에 띄게 향상된다.

5단계. 표현과 예배 — 소리를 넘어서 마음으로

마지막 단계는 기술이 아니라 영성의 회복이다. 찬양의 표현은 감정의 과장이 아니라 진심의 울림에서 나온다. 연습의 끝에서, 모든 대원은 악보를 잠시 내려놓고 가사의 의미를 함께 묵상한다. "이 노래는 어떤 고백인가?", "이 가사를 통해 하나님께 무엇을 드리는가?"를 나눈다. 그 후, 같은 곡을 다시 부르면 이전보다 훨씬 깊은 소리와 감정이 자연스럽게 나온다.

> **훈련 팁:**
> 매 연습의 마지막에는 '기도 찬양'을 한 곡 부르라. 그것이 성가대의 영적 회복을 이루는 가장 좋은 발성 훈련이다.

발성 훈련은 단지 소리를 단련하는 과정이 아니다. 그것은 몸과 마음, 영혼을 하나님께 조율하는 예배의 행위이다. 성가대의 발성은 기술 이전에 태도에서 시작된다. 정확한 호흡, 바른 자세, 깊은 울림, 명확한 발음, 진실한 표현, 이 모든 것이 하나로 연결될 때 하나님은 그 찬양을 기쁘게 받으신다. 이 단계들을 매번 연습에서 꾸준히 실천하면, 성가대는 점점 하나의 소리, 하나의 영으로 하나님께 드려지는 "거룩한 합창단"으로 성장하게 될 것이다.

◎ 성가대원의 발성 관리와 목 건강

성가대원의 가장 중요한 악기는 악보도, 피아노도 아니다. 그것은 자신의 몸, 그중에서도 목소리이다. 목소리는 하나님의 숨결이 지나가는 통로이며, 찬양은 그 숨결이 만들어내는 사랑의 울림이다. 그러므로 성가대원은 목소리를 단순한 '소리의 수단'이 아니라, 하나님께 드려진 거룩한 악기로 다루어야 한다. 악기를 다루는 사람은 언제나 손질을 게을리하지 않는다. 성가대원 역시 목소리를 지키고 관리하는 일에 영적 책임감을 가져야 한다.

(1) 목소리는 '근육'이다

목소리는 근육의 운동으로 만들어진다. 성대는 매우 섬세한 두 개의 근육막으로, 미세한 진동으로 하루 수천 번, 수만 번 움직인다. 이 근육은 너무 많이 혹사하거나, 반대로 너무 오랫동안 쉬면 오히려 제 기능을 잃게 된다.

성대 건강의 기본은 적당한 사용과 충분한 회복이다. 노래나 대화 후에는 성대를 쉬게 하는 시간을 가져야 한다. 특히 예배 직전에는 큰 소리로 대화를 하거나 웃음을 크게 터뜨리는 행동은 피해야 한다. 성대가 이미 예열된 상태에서 갑자기 큰 압력을 받으면 작은 손상이 쌓여 피로와 쉰 목소리로 이어진다.

성대는 몸 전체의 긴장과 밀접하게 연결되어 있다. 어깨, 목, 턱이 굳으면 성대도 굳는다. 따라서 찬양 전에는 간단한 스트레칭으로 몸의 긴장을 풀어 주는 것이 좋다. 예를 들어, 어깨를 천천히 돌리고, 목을 좌우로 부드럽게 기울이며, 턱을 '하품하듯' 아래로 떨어뜨려 이완시켜 보라. 이렇게 단 1~2분의 준비만으로도 발성의 질이 달라지고, 부상의 위험이 현저히 줄어든다.

(2) 발성 전후의 습관
성가대원의 목소리는 단 하루의 연습으로 만들어지지 않는다. 그것은 매일의 생활습관 속에서 형성되고 유지된다. 좋은 성대는 매일의 작지만 꾸준한 관리의 결과다.

① 발성 전
- 충분한 수분 섭취: 성대 점막은 촉촉해야 부드럽게 진동한다. 노래 전후로 미지근한 물을 자주 마시되, 카페인 음료는 피한다.

- 가벼운 스트레칭: 목, 어깨, 턱 근육의 긴장을 푼다.
- 짧은 허밍: '음~' 소리로 성대를 부드럽게 깨운다. 갑작스러운 큰 발성은 금물이다.

② 발성 후

- 조용한 휴식: 노래 후에는 일정 시간 말을 줄인다. 소리의 피로가 회복될 시간을 주어야 한다.
- 따뜻한 수분 섭취: 미지근한 물이나 허브티가 좋다. 너무 뜨겁거나 차가운 음료는 점막을 자극한다.
- 충분한 수면: 성대는 수면 중 회복된다. 밤늦게까지 대화하거나 TV를 크게 보는 습관은 피해야 한다.

③ 피해야 할 나쁜 습관들

성가대원들이 흔히 무심코 반복하는 습관 중 성대 건강을 해치는 행동들이 의외로 많다. 아래는 반드시 피해야 할 대표적인 예들이다.

- 감정적으로 큰 소리를 내는 것: 화내거나 웃을 때 목에 힘이 들어간다.
- 속삭이듯 말하기: 성대를 비정상적으로 닫게 하여 오히려 더 큰 부담을 준다.
- 지나친 기침이나 헛기침: 성대에 직접적인 마찰을 일으킨다.
- 건조한 환경 방치: 히터나 에어컨 아래에서 오래 있으면 점막이 건조해진다.
- 카페인과 알코올 과다 섭취: 탈수를 일으켜 성대가 마른다.

- 흡연: 가장 심각한 위험요인이다. 연기는 성대 점막을 자극하고 부종을 일으키며, 음색을 탁하게 만든다.

성가대원은 자신의 목소리를 "하나님께 드릴 제물"로 여겨야 한다. 제물을 정결히 준비하듯, 목소리도 거룩하게 관리해야 한다.

④ **회복과 예방**

성대는 손상되면 완전히 회복하기 어렵다. 따라서 무엇보다 예방이 최고의 치료이다. 다음의 관리법을 꾸준히 실천하면 오랜 기간 안정된 목소리를 유지할 수 있다.
- 수분 유지: 하루 6~8잔 이상의 미지근한 물을 천천히 마신다. 물을 한꺼번에 마시는 것보다 자주, 조금씩 마시는 것이 좋다. 가습기를 두거나 젖은 수건을 걸어 실내 습도를 유지하는 것도 도움이 된다.
- 온도 조절: 찬 공기나 급격한 온도 변화는 성대를 경직시킨다. 겨울철에는 마스크로 공기를 따뜻하게 해 주고, 찬 음료 대신 실온 이상의 음료를 섭취한다.
- 식습관: 매운 음식, 지나친 자극물(커피, 탄산, 알코올 등)은 피한다. 식사 직후 바로 노래하지 말고, 1시간 정도는 소화를 위해 쉬는 것이 좋다.
- 휴식과 수면: 성대 근육은 다른 근육과 마찬가지로 충분히 쉬어야 회복된다. 밤늦은 시간의 대화나 장시간의 전화 통화는 성대를 혹사시킨다. 하루 7시간 이상의 숙면은 발성 건강의 필수 조건이다.

- 정기 점검: 쉰 목소리가 2주 이상 지속되면 단순한 피로가 아니라 염증이나 결절일 가능성이 있다. 전문의의 진료를 받아야 하며, 무리한 자가치료(예: 꿀, 생강, 술 등)는 오히려 악화시킬 수 있다.

(3) 영적 관점에서 본 목소리 관리

성가대의 목소리는 단순한 생리적 현상이 아니라 하나님의 영이 머무는 통로다. 따라서 목소리 관리는 곧 예배자의 영적 자기관리이다. 하나님께 드릴 찬양을 준비하며 "내가 오늘 얼마나 노래를 잘할 수 있을까?"보다 "하나님께 오늘 어떤 마음으로 노래할까?"를 먼저 점검하라.

마음의 분노, 피곤, 불평은 모두 목소리를 막는 '내적 긴장'이 된다. 기도와 묵상, 감사의 마음은 반대로 성대를 부드럽게 한다. 하나님께서 주신 숨을 하나님께 되돌려드리는 행위, 그것이 찬양이다. 따라서 목소리를 관리하는 것은 단순한 건강 습관이 아니라, 하나님과의 약속을 지키는 행위다.

▨ 바른 호흡이 중요한 이유와 건강 효과

▷ 산소 공급의 최적화
깊은 호흡은 공기를 폐의 가장 깊은 세포까지 도달하게 하여 더 많은 산소를 흡수하게 한다. 이로써 혈액의 산소 포화도가 높아지고, 뇌와 근육, 각 장기에 활력이 공급된다. 그 결과 집중력과 기억력이 향상되고, 신체 피로가 줄어든다. 찬양대원에게는 예배 시간 동안 안정된 호흡과 지구력을 유지하게 해 준다.

▷ 자율신경계의 안정과 스트레스 조절
느리고 깊은 호흡은 부교감신경을 활성화하여 심박수를 낮추고, 혈압을 안정시키며, 긴장을 완화한다. 이는 불안, 공황, 우울감 등 정서적 문제를 조절하는 데에도 큰 도움을 준다. 실제로 임상연구에서도 복식 호흡은 스트레스 호르몬(코르티솔)의 분비를 줄이고, 마음을 차분하게 하는 효과가 입증되어 있다.

▷ 면역력 향상
혈액 내 산소가 충분히 공급되면, 백혈구와 림프구 같은 면역세포의 활성이 증가한다. 또한 복식 호흡은 혈액 순환을 개선하고, 림프 흐름을 촉진하여 노폐물과 독소를 배출한다. 꾸준한 호흡 훈련은 감기나 만성피로, 염증성 질환을 예방하는 데에도 효과적이다.

▷ 소화기계 기능 개선
횡격막의 반복적인 움직임은 복부 장기를 부드럽게 마사지하듯 자극하여 위와 장의 기능을 활성화한다. 이로 인해 소화가 원활해지고, 변비 증세가 완화되며, 복부 팽만감이 줄어든다. 식사 전후에 잠시 깊은 호흡을 하는 것만으로도 위장 건강에 도움이 된다.

▷ **목소리와 발성의 개선**
복식 호흡은 공명의 기반이 된다. 숨이 안정되어야 소리도 흔들리지 않고, 장시간 노래를 해도 목이 상하지 않는다. 바른 호흡은 곧 자연스러운 발성과 공명, 안정된 음색의 출발점이다. 지휘자나 성가대원뿐 아니라, 설교자나 연설가에게도 필수적인 훈련이다.

3. 합창 앙상블의 성악적 평가 기준

합창은 단순히 여러 사람이 함께 노래하는 것이 아니다. 각 사람의 목소리가 모여 하나의 악기처럼 울릴 때 그것은 더 이상 개인의 노래가 아니라 하나님의 공동체적 찬양이 된다. 좋은 합창 앙상블은 숫자나 음량으로 평가되지 않는다. 그것은 소리의 질, 조화의 완성도, 그리고 표현의 진정성으로 판단된다. 음악적으로 완성된 앙상블은 들을 때 "편안함"과 "일체감"을 주며, 그 안에서 영적인 감동이 자연스럽게 흘러나온다.

이 장에서는 합창을 성악적 관점에서 평가하고 지도할 수 있는 일곱 가지 기준을 제시한다.

1) 음정(Intonation)

음정이 맞지 않으면 아무리 좋은 화성도 불협화음으로 들린다. 합창에서 음정은 단순히 "정확한 높이"를 의미하지 않는다. 그것은 각 성부가 서로를 듣고 조정하는 귀의 훈련이다. 성가대원은 자신의 소리를 내면서 동시에 양옆, 앞뒤의 대원들의 소리를 들어야 한다. 이때 자신이 중심이 아니라, 전체의 중심에 맞추는 겸손한 귀가 필요하다.

음정 불안의 대부분은 호흡 부족, 성대 긴장, 또는 공명 불균형에서 비롯된다. 따라서 음정은 기술이 아니라 "발성의 결과"이기도 하다. 호흡이 안정되면 음정도 자연히 안정된다. 특히 화음이 맺힐 때는 "자기 소리를 약간 낮춘다"는 느낌으로 서로에게 귀를 기울여야 한다. 음정은 독립이 아니라, 공동체적 조율의 예술이다.

2) 어택과 릴리스(Attacks & Releases)

각 음의 시작(attack)과 끝(release)은 단순한 타이밍의 문제가 아니다. 그것은 곡 전체의 '기도의 호흡'과 같다. 어택은 소리를 내는 순간이다. 모든 대원이 동시에 숨을 머금고, "의도된 한마음"으로 첫 소리를 낼 때 그것은 기술을 넘어선 영적 일치의 순간이 된다. 너무 빠르거나 늦으면 불협화음보다 더 큰 긴장이 생긴다. 완벽한 어택은 지휘자의 손이 아니라 호흡의 일체감에서 만들어진다.

릴리스는 소리를 멈추는 순간이다. 많은 합창단이 어택에는 집중하지만 릴리스에는 소홀하다. 그러나 끝맺음은 그 곡의 '기도의 마침표'다. 소리를 단순히 끊는 것이 아니라, 감사와 경외를 담은 숨의 마무리가 되어야 한다.

지휘자의 제스처보다 중요한 것은, 대원들이 "같은 순간에, 같은 마음으로" 숨을 들이쉬고 내쉬는 것이다. 그때 합창의 시작과 끝은 소리가 아니라 예배의 호흡이 된다.

3) 섞임(Blending)

"좋은 합창은 누가 노래하는지 구별되지 않는다." 이 말은 섞임의 본질을 잘 보여준다. 섞임은 단순히 소리를 줄이는 것이 아니라, 각자의 소리가 전체의 음색에 녹아드는 과정이다. 이것은 겸손의 발성이다. 자신의 목소리를 돋보이게 하려는 순간, 전체의 균형은 깨진다. 반대로 각자가 자신의 소리를 조절하며 공동의 톤과 공명에 맞추려 할 때, 그때 비로소 "하나의 소리"가 만들어진다.

블렌딩의 핵심은 모음 통일과 공명 위치의 일치이다. '아'의 입 모양이 제각각이면 아무리 음정이 정확해도 불안하게 들린다. 모든 대원이 같은 모음, 같은 울림을 유지할 때 그 화음은 투명한 유리처럼 맑게 울린다.

4) 균형(Balancing)

균형은 소리의 비율에 관한 것이다. 합창은 네 성부가 각자의 역할을 다하지만, 그중 어느 한 성부도 주인공이 되어서는 안 된다. 소프라노의 선율이 너무 강하면 화음의 기초가 무너지고, 베이스가 지나치게 약하면 음악의 뼈대가 사라진다. 지휘자는 각 파트의 역할을 이해하고, 음량의 균형을 섬세히 조정해야 한다. 좋은 균형은 '같은 크기'가 아니라 같은 존재감이다. 각 성부가 서로를 듣고, 자신의 소리를 '필요한 만큼만' 내는 지혜가 필요하다.

5) 음질(Tone quality)

음질은 그 합창단의 '인격'이다. 좋은 톤은 부드럽고 따뜻하며, 듣는 이에게 평안을 준다. 거칠고 긴장된 소리는 귀를 자극하고 마음을 불안하게 만든다.

음질을 결정하는 요인은 세 가지이다.

　1) 안정된 호흡
　2) 열린 공명
　3) 적절한 성대 긴장

특히 교회음악에서는 화려한 톤보다 맑고 투명한 소리가 이상적이다. '거룩한 단순함'이야말로 성가대 톤의 본질이다. 곡의 성격에 따라 음색을 다르게 사용할 수도 있다. 바로크 음악은 밝고 가벼운 소리, 로맨틱 성가곡은 풍성하고 둥근 소리, 현대 찬양곡은 선명하고 에너지 있는 소리를 요구한다. 그러나 어떤 스타일이든, 하나님께 드리는 소리는 항상 깨끗해야 한다.

6) 딕션(Diction)

합창의 궁극적 목적은 단지 '소리의 조화'가 아니라 가사의 메시지 전달이다. 딕션은 단어의 자음과 모음을 얼마나 명확하게 표현하느냐의 문제이다. 모음은 음색을 결정하고, 자음은 의미를 전달한다. 따라서 대원 모두가 같은 입 모양, 같은 혀의 위치로 자음을 동시에 발음해야 한다.

7) 표현(Expression)

마지막으로, 합창의 평가에서 가장 중요한 기준은 얼마나 가사를 이해하고 공감하면서 부르는가이다. 표현은 감정의 과장이 아니라 작곡자와 작사자가 담은 노래의 가사를 충분히 소화시켜 선율에 실어 말하듯 내보내는 것이다. 아무리 음정이 완벽하고 블렌딩이 좋아도 가사와 어울리지 않는 표정으로 마음이 닫혀 있다면 그 합창은 아름답지만 빈 허공의 소리가 된다.

그래서 표현은 선율과 가사의 성격에 따라 음악 요소들과 어울려 다르게 나타난다. 이 책의 제 2장 음악의 이해에서 음악 요소에 대한 이해(73~79쪽), 그리고 '음악과 감정(94~97쪽)'에서 설명하는 '표현적 시간'에 대한 내용을 읽어보기 바란다.

4. 지휘자와 성가대원의 음악적 소통

합창은 지휘자의 손끝에서만 만들어지지 않는다. 그것은 지휘자의 손과 성가대원의 귀, 그리고 공동의 마음이 만나 하나의 생명처럼 호흡할 때에 비로소 완성된다. 지휘자는 단순한 '음악의 지휘자'가 아니라, 예배를 인도하는 음악적 목회자이며, 성가대원은 단순한 '노래하는 사람'이 아니라, 그 예배에 참여하는 예배자 공동체이다. 따라서 지휘자와 대원의 관계는 '지시와 복종'이 아니라, 소통과 응답의 관계이다. 이 관계가 살아 있을 때, 합창은 더 이상 기술이 아니라 영적 교감의 예배가 된다.

1) 지휘자는 '보이는 소리'다

지휘자의 손은 단순히 박자를 맞추는 도구가 아니다. 그 손은 음악의 흐름을 눈으로 보이게 하는 언어이며, 성가대는 그 손을 통해 음악을 듣는 법을 배운다. 좋은 지휘자의 손은 언제나 '말하지 않아도 말한다'. 미세한 손의 움직임, 손목의 곡선, 손바닥의 방향 하나로 곡의 성격과 감정이 전달된다.

손이 부드러우면 소리는 따뜻해지고, 손이 단단하면 소리는 선명해지며, 손이 멈추면 모든 대원이 숨을 고른다. 이때 지휘자의 손은 단지 동작이 아니라 숨의 신호이다. 성가대원은 그 손을 통해 '지금 들이쉬어야 할 숨', '지금 내야 할 소리'를 직감한다. 지휘자의 손은 곧 보이는 호흡이며 시각적 음악이다.

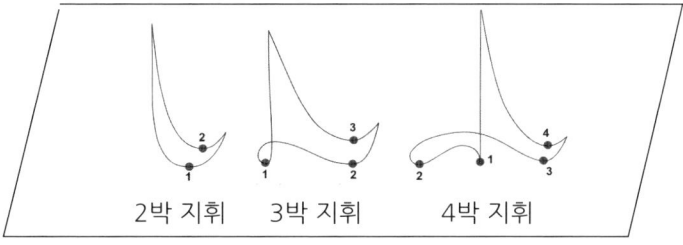

[그림 6] 기본 2박, 3박, 4박의 지휘 패턴

지휘자는 손이나 지휘봉을 사용할 때, 성가대원들이 박의 위치를 명확히 인식할 수 있도록 해야 한다. 중요한 점은, 해당 박의 소리가 지휘의 타점이 표시된 순간이 아니라, 그 직후에 나야 한다는 것이다. 이 원리는 오케스트라와 합창 모두에 동일하게 적용된다. 마치 탁구공이 테이블에 닿은 후 튀어 오를 때 소리가 들리는 것처럼, 지휘를 따라 노래한다는 것은 지휘자의 타점과 성가대의 소리가 정확히 한 포인트에서 일치되는 것을 의미한다.

2) 성가대원은 '듣는 지휘자'다

합창은 지휘자가 만든다기보다, 성가대가 듣는 만큼 만들어진다. 지휘자의 손을 눈으로 보고, 다른 성부의 소리를 귀로 들으며, 그 안에서 자신의 위치를 스스로 조정할 때 비로소 완전한 조화가 이루어진다.

좋은 성가대원은 자기 목소리보다 다른 사람의 소리를 더 많이 듣는다. 그리고 그 소리를 방해하지 않으면서 그 속에 자연스럽게 섞이도록 노력한다. 지휘자는 손으로 말하지만, 성가대는 귀로 대답한다. 이 상호작용이 일어나지 않으면 아무리 정확한 지휘라도 죽은 음악이 된다.

3) 소통의 중심은 '호흡'이다

지휘자와 대원의 가장 중요한 공통 언어는 호흡이다. 지휘자의 손이 올라가고 내려오는 그 순간, 대원들이 함께 숨을 들이쉬고 내쉬는 것은 단순한 동작이 아니다. 그것은 공동체의 예배적 리듬이다. 음악적으로 완벽한 합창단은 지휘자가 숨을 쉬는 타이밍에 따라 모든 대원이 함께 호흡한다. 이것이 바로 예배의 일체감이다.

성가대의 호흡이 맞는다는 것은 단지 타이밍이 같다는 뜻이 아니다. 그것은 "하나님을 향한 마음의 박동이 같다"는 의미이다. 이 호흡이 하나 될 때, 찬양은 단순한 소리가 아니라 공동체의 고백이 된다.

4) 손과 눈의 대화

지휘자의 손과 눈은 음악의 두 언어다. 손은 구조를, 눈은 감정을 전달한다. 손의 움직임으로는 박자, 강약, 다이내믹, 템포를 지시한다. 그러나 진정한 표현은 지휘자의 눈빛에서 시작된다. 눈빛이 따뜻하면 소리도 따뜻해지고, 눈빛이 단호하면 소리도 단단해진다. 지휘자는 손으로 "지휘"하지만, 눈으로 "설득"하고, 표정으로 "감동"을 전한다. 성가대원은 지휘자의 손뿐 아니라 눈과 표정을 함께 읽어야 한다. 그리고 그 눈빛 속에 담긴 의미를 자신의 소리로 "응답"해야 한다. 이것이 바로 비언어적 대화의 핵심이다.

5) 신뢰

지휘자와 성가대원 간의 관계는 기술보다 신뢰로 세워진다. 신뢰가 없는 합창은 아무리 정확해도 감동이 없다. 신뢰가 있는 합창은 약간의 실수조차 아름답게 들린다. 지휘자가 성가대원들을 진심으로 존중하고, 대원들이 지휘자의 마음을 이해할 때 비로소 자유로운 소통이 가능하다.

지휘자의 한마디 격려, "오늘 소리 정말 따뜻했어요." 이 짧은 말이 성가대원의 마음을 살리고, 소리를 새롭게 만든다. 성가대의 응답도 중요하다. 지휘자의 노력과 헌신을 이해하고, 그의 의도에 기꺼이 동참하려는 태도는 음악적 조화를 넘어 영적 연합을 이룬다.

6) 영적 지휘

교회 지휘자는 단지 음악을 이끄는 사람이 아니다. 그는 하나님의 손을 대신하는 사람이다. 그의 손끝에서 움직이는 것은 박자가 아니라, 하나님께 향한 찬양의 방향이다.

지휘자가 기도 없이 손을 들면, 그 손은 음악의 신호일 뿐이다. 그러나 기도로 준비된 손은 하나님의 뜻을 담은 예배의 도구가 된다. 따라서 성가대의 지휘는 기술적 숙련보다 영적 준비가 더 중요하다. 매 연습 전, 지휘자와 대원이 함께 기도하며 "오늘 찬양이 하나님께 영광이 되기를 원합니다"라고 고백할 때, 그 합창은 하나님의 임재로 변화된다.

5. 파트의 이해

합창의 네 성부는 인간의 목소리를 통해 표현되는 하나님의 창조적 질서이다. 소프라노, 알토, 테너, 베이스는 단순히 음역의 구분이 아니라, 각기 다른 색깔과 역할을 지닌 음악적 인격들이다.

이 네 가지 소리가 모여 하나의 화음을 만들 때, 그 안에는 마치 자연의 네 요소, 즉 불, 물, 공기, 땅이 서로 어우러지는 조화의 원리가 담겨 있다. 이것이 바로 하모니의 본래 의미이며, 음악 안에 새겨진 신적 질서다.[1]

1) 소프라노

소프라노는 합창의 하늘을 밝히는 불빛이다. 가장 높은 음역에서 선율을 이끌며, 전체 화성의 윤곽과 방향을 제시한다. 그 소리

---

[1] 중세·르네상스의 자연철학과 의학에서 널리 쓰인 4원소–4체액 기질의 틀은 음악이 인간의 정동과 건강에 영향을 준다는 고전적 음악관과 긴밀히 얽혀 있었다. 그러한 배경 속에서, 후대의 일부 합창과 성악 교육 자료에서 성부를 불, 공기, 물, 땅 같은 원소적 이미지로 비유해 음색이나 무게감, 그리고 운동성을 설명하기도 한다.

는 종종 날카롭고, 뚜렷하며, 투명하다. 마치 새벽을 깨우는 첫 빛처럼 모든 소리를 끌어올리는 에너지를 가진다.

소프라노의 역할은 '빛을 비추는 것'이다. 따라서 너무 강하거나 날카로우면 전체 균형이 깨지고, 너무 약하면 화음의 생동감이 사라진다. 가장 이상적인 소프라노는 불처럼 따뜻하되, 눈부시지 않은 빛을 낸다.

음역은 대체로 C4~A5이며, 그중 가장 아름다운 공명 구간은 A4~E5이다. 이 구간에서 소프라노는 하늘처럼 맑고, 예배의 공간을 열어주는 역할을 한다.

2) 알토

알토는 합창의 심장이다. 소프라노의 불, 그리고 베이스의 땅을 이어주는 부드러운 물줄기처럼 화음의 중심을 형성한다. 그 소리는 따뜻하고, 깊으며, 유연하다. 물은 형태가 없지만 어디서든 흐를 수 있듯, 알토의 소리는 조율과 연결의 능력을 지닌다. 소프라노가 곡의 선율을 이끌고, 베이스가 근본을 받쳐줄 때, 알토는 그 사이를 부드럽게 메우며 음악의 생명선을 이어준다.

음역은 대체로 G3~E5, 가장 자연스러운 발성 구간은 A3~C5이다. 이 범위는 인간 음성 중 가장 공명과 안정이 조화된 영역으로, 합창 전체의 '균형추' 역할을 한다.

3) 테너

테너는 합창의 '숨'과 같다. 그 소리는 가볍고 투명하며, 때로는 열정적이다. 테너는 소프라노의 선율과 알토·베이스의 중간을 이어주는 공기 같은 매개체의 역할을 한다. 테너의 소리는 사람의 심장 박동처럼 음악에 리듬과 생명을 불어넣는다. 가벼운 호흡으로 떠오르는 듯한 소리, 그것이 바로 테너의 본질이다.

실제 발성 음역은 C4~A5, 가장 자연스러운 발성 구간은 E4~G5이다. 이 구간에서 테너는 가장 밝고 힘 있는 울림을 낸다. 그러나 무리하게 고음을 밀어 올리면 성대의 피로가 쌓이므로 항상 "호흡으로 띄우는" 발성이 중요하다.

4) 베이스

베이스는 합창의 토대이자 뿌리이다. 그 소리는 낮고, 묵직하며, 느리게 울린다. 베이스의 울림은 단순히 낮은음이 아니라, 모든 화음을 떠받치는 진동의 힘이다. 땅이 흔들리면 건물이 무너지듯, 베이스가 불안하면 합창 전체가 흔들린다. 그러므로 베이스는 화려한 소리보다 단단한 안정감을 주는 음색을 유지해야 한다.

베이스는 낮은음자리표로는 E2~E4에 기보되지만, 실제 발성되는 음역은 E3~E5이며, 그중에서도 G3~C5구간이 가장 이상적인 발성 범위이다. 이 구간은 인간의 음성 중 가장 풍부한 배음이 생성되는 영역으로, 공간을 진동시키는 '공명 에너지'의 중심이다.

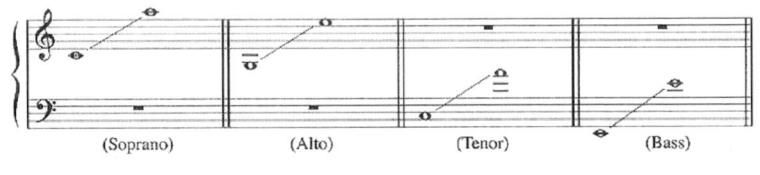

[그림 7] 파트별 음역 범위

5) 외성과 내성의 관계

합창의 4성부는 단순히 음역으로만 나뉘지 않는다. 소리의 흐름과 성격에 따라 '외성(Outer voices)'과 '내성(Inner voices)'으로 구분된다.

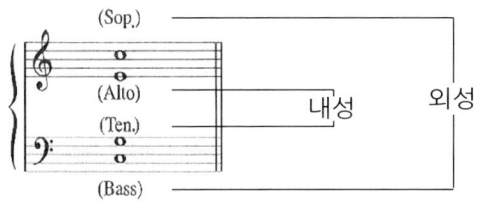

[그림 8] 외성과 내성

- 외성: 소프라노와 베이스 선율로 화성의 경계를 형성한다.
  하늘과 땅, 빛과 기초를 상징한다.
- 내성: 알토와 테너 두 외성을 연결하며 균형과 색채를 담당한다.
  물과 공기, 관계와 흐름을 상징한다.

이 때문에 실제 합창 배치에서도 외성은 외성끼리, 내성은 내성끼리 가까이 배치하는 것이 원칙이다. 예를 들어, 소프라노 옆에는 베이스보다 알토를 두고, 테너 옆에는 베이스가 위치하도록 하는 방식이다. 이렇게 배치하면, 내성(중간 음역)이 중심에 모여 화성의 밀도와 따뜻함을 만들고, 외성이 양쪽에서 밝기와 깊이를 완성한다.

6) 파트의 인원 구성

음향학적으로 인간의 귀는 고음보다 저음을 더 작게 들리게 인식한다. 같은 에너지의 소리라도, 낮은 주파수는 더 많은 힘을 필요로 한다. 이 현상을 '동세기 곡선(Equal Loudness Curve)'이라 한다.[2] 따라서 합창단의 실제 인원 구성은 청감(聽感)의 균형을 위해 다음과 같은 비율이 이상적이다.

파트	상대적 수	역할	물리적 이유
베이스	가장 많음(30~35%)	소리의 기초	저음은 더 많은 에너지를 필요로 함
알토	두 번째(25~30%)	화성의 중심	중저역 공명 보강
테너	세 번째(20~25%)	연결과 색채	중음의 밀도 형성
소프라노	가장 적음(15~20%)	선율과 빛	고음은 작은 에너지로도 충분히 전달됨

[그림 9] 각 파트 최적의 인원구성과 파트의 성격

이 비율은 "소리를 균형 있게 들리게 하는 물리적 법칙"이며, 음향적으로도 예배당의 잔향 구조와 조화를 이룬다. 따라서 대형 교회 성가대일수록 베이스와 알토 파트의 숫자를 늘려 소리의 깊이와 온도를 안정시키는 것이 좋다.

(1) 성가대의 화성 구조와 음향 배치

성가대의 노래는 단지 입술에서 울려 나오는 소리가 아니다. 그것은 예배당의 공간을 가득 채우며, 하늘로 올라가 하나님께 드려지는 입체적 찬양이다. 그러므로 합창의 진정한 완성은 악보 위에서가 아니라, 공간 속에서 이루어진다. 소리의 방향, 울림, 잔향, 위치 – 이 모든 요소가 하나로 어우러질 때 비로소 하나님이 기뻐하시는 거룩한 소리가 된다.

---

2 동세기 곡선의 표와 설명은 이 책의 85~86쪽에 있다.

① 소리는 공간 속의 건축물이다

음악은 시간의 예술이라 하지만, 합창은 동시에 공간의 예술이기도 하다. 성가대의 화음은 건축처럼 세워진다. 베이스가 기초를 이루고, 테너와 알토가 벽을 세우며, 소프라노가 지붕을 덮는다. 이렇게 완성된 하모니의 구조는 공간 안에서 울릴 때 비로소 살아난다. 예배당의 천정, 벽면, 좌석의 배열은 소리의 반사와 흡수를 통해 음악의 깊이와 온도를 결정한다.

② 화성의 공간적 구조 — 위로, 안으로, 아래로

합창의 4성부는 단지 음높이로 나뉘지 않는다. 그들은 서로 공간적 역할을 가지고 있다.

성부	상징	공간적 역할	음향적 기능
소프라노(불)	하늘	상향 에너지, 선율의 지붕	고주파의 빛, 음색의 방향 제시
알토(물)	중간층	화성의 연결, 유연한 이동	중음역 밀도, 따뜻한 질감
테너(공기)	공간의 숨	흐름, 리듬, 호흡의 순환	음향의 이동성, 스테레오 중심축
베이스(땅)	기초	안정과 공명, 구조적 근간	저주파 진동, 전체 울림의 뼈대

이 네 성부가 적절히 배치되면 공간 안에서 소리는 수직적으로 조화된다. 즉, 베이스의 울림은 땅으로부터 진동하고, 소프라노의 선율은 하늘로 뻗어나가며, 그 사이에서 알토와 테너가 공간의 흐름을 메운다. 이 구조는 단지 물리적 배치가 아니라, 하나님의 창조 질서를 닮은 음향의 건축물이다.

③ 좌석 배치의 원리 — 음향의 방향을 설계하라

성가대의 자리 배치는 단순히 '보기 좋게'가 아니라, 듣기 좋게, 울리기 좋게 설계되어야 한다.

전통적 직선형(SATB) 배치

S	A	B	T

- 장점: 각 성부가 독립적으로 구분되어 명료한 소리를 냄.
- 단점: 중앙의 음향 밀도가 낮고, 화성적 융합이 어려움.

사용 예: 고전적 합창, 복음성가, 다성적 구조가 명확한 곡.

반원형(Semi-circle) 배치

- 장점: 서로의 소리를 듣기 쉽고, 음향의 혼합(blend)이 탁월
- 단점: 좁은 공간에서는 반사음이 과해질 수 있음.

사용 예: 예배당 구조가 아치형이거나, 자연 잔향이 많은 공간.

원형 또는 마주 보기 배치

B	T
S	A

- 장점: 내부 중심에 소리의 교차점이 생겨, '하나의 울림' 형성.
- 단점: 지휘자와 시각적 접촉이 어려움.

사용 예: 소규모 성가대, 실내 합창, 무반주곡(아카펠라).

중첩형(Mixed or Interleaved) 배치

$\boxed{\begin{matrix}A & B \\ S & T\end{matrix}}$

- 장점: 외성과 내성이 자연스럽게 섞이며, 균형과 투명성 확보.
- 단점: 개별 파트 간의 통일된 발음이 어려움.

사용 예: 현대 합창곡, 복합 화성, 역동적 다이내믹 표현.

외성과 내성의 위치

앞서 언급한 대로, 외성(소프라노·베이스)은 전체의 경계를 형성하고, 내성(알토·테너)은 그 사이에서 색채와 두께를 조정한다. 따라서 이상적인 합창 배치는 내성을 중앙에 두고, 외성을 양쪽에 배치하는 것이다.

좌측 $\boxed{\text{S}|\text{A}|\text{T}|\text{B}}$ 우측

이 배열은 마치 건축물의 기둥 구조와 같다. 소프라노와 베이스가 외곽 기둥을 이루고, 알토와 테너가 중심의 벽체를 세운다. 이때 소리는 중앙에서 섞여, 예배당 전체에 부드럽게 확산된다. 이를 "중심 공명"이라 부른다.

④ 공간 음향의 요소 — 반사, 흡수, 공명, 회절

음악이 공간 속에서 울릴 때 세 가지 음향 현상이 동시에 작용한다

- **반사**(Reflection): 벽면과 천정에서 되돌아오는 소리. 일정한 지연은 풍성한 잔향을 만든다. 그러나 과도하면 소리가 탁해지고, 가사가 불분명해진다. 따라서 흡음재(커튼, 카펫 등)는 적절히 배치해야 한다.

- 흡수(Absorption): 사람, 옷, 카펫 등이 소리를 흡수한다. 성가대석 앞의 바닥이나 제단 앞에 과한 흡음이 있으면 소리가 멀리 전달되지 않는다.
- 공명(Resonance): 특정 주파수가 공간 구조와 일치할 때 증폭되는 현상이다. 좋은 공명은 '하나의 음'을 두껍게 하며, 나쁜 공명은 '특정 음역'을 과도하게 부각시킨다.
- 회절(Diffraction): 소리(또는 파동)가 장애물이나 좁은 틈을 지날 때 굴절되어 퍼지는 현상이다. 즉 파동이 직진하지 않고 장애물의 뒷쪽으로 휘어 들어가거나 그림자 영역으로 퍼질 때이다. 예를 들어, 벽 뒤에서도 보이지 않는 사람의 말소리를 듣는 것은 소리의 회절 현상 때문이다.

따라서 교회 건축 시에는 천정 높이와 벽면 각도가 공명의 질을 결정한다.

6. 공간의 이해

1) 성가대의 위치

성가대의 위치는 예배당의 음향 구조에 따라 달라진다. 그러나 공통적으로 지켜야 할 원칙이 있다.

- 뒤에서 울릴 때(후면 배치)
  장엄하고 포괄적인 사운드를 제공한다. 회중의 찬양을 감싸 안는 느낌을 준다.
  단점: 가사가 잘 들리지 않거나, 직접음이 약함.

- 앞에서 울릴 때(전면 배치)

  말씀이 중심이 되는 예배에서는 선명한 전달이 가능. 지휘자와의 시선이 명확하고, 반주자와의 협력이 용이.

  단점: 공간 전체의 잔향을 활용하기 어렵다.

- **측면 배치(좌·우)**

  중형 교회나 반원형 예배당에서 효과적.

  입체적 음향감을 형성하지만, 한쪽으로 치우칠 수 있음.

2) 예배당 음향과 회중성

예배당의 음향은 단순히 "잘 들리게 하는 기술"이 아니다. 그것은 공동체의 영적 공간 구조를 반영한다.

- **무대 중심형 예배당**: 소리가 앞에서 뒤로 흐른다. 회중은 수동적 청자가 되기 쉽다. 현대 대형교회 예배당의 전형적인 구조이다.

- **중앙집중형 예배당**: 회중이 성가대와 목회자를 둘러싼 형태로, 소리가 원형의 교류를 이룬다. 성가대의 찬양이 회중의 중심으로 스며들며, '함께 부르는' 구조를 만들어 준다.

- **잔향 중심형 예배당**: 스톤, 콘크리트, 유리 등 반사율이 높은 재질의 공간에서는 소리가 천정과 벽면에서 되돌아오며 "하늘의 울림" 같은 장엄함을 형성한다. 하지만 반대로 가사가 명료하지 않게 될 수 있다. 이런 경우, 성가대의 발음 명료도와 속도 조절이 필수다.

> ♪ 좋은 음향은 '더 크게'가 아니라, ♬
> '더 가까이 느껴지게' 하는 것이다.

① 듣는 예배와 참여하는 예배의 차이

오늘날 많은 예배당에서 회중은 '음악을 듣는 청중'처럼 앉아 있다. 마이크, 앰프, 모니터 LED 조명이 예배를 공연처럼 만든다. 그러나 본래 예배는 모든 회중이 참여하는 합창의 자리였다.

- 듣는 예배

  음악이 '앞에서' 진행되고, 회중은 '뒤에서' 듣는다. 감동은 있지만, 참여감은 낮다. 음악의 주체가 성가대 중심으로 고정된다.

- 참여하는 예배

  음악이 '공간 전체'에서 울리고, 회중은 '함께' 부른다. 회중의 작은 목소리도 예배의 일부로 존중된다. 성가대는 지휘자보다 먼저 회중의 모범 찬양자가 된다.

② 회중의 참여를 돕는 음향적 조건

회중이 적극적으로 찬양에 참여하려면, 그들의 귀와 마음이 편안해야 한다. 다음의 세 가지 조건은 매우 실제적이다.

- **적절한 음량**

  소리가 너무 크면 회중의 목소리가 묻혀 버린다. 너무 작으면 예배의 에너지가 약하다. 평균 80~85dB SPL(사람의 대화 수준)이 적당하다. 이 음량에서 회중은 자신의 목소리를 들으면서도 찬양팀이나 찬송인도자의 울림에 자연스럽게 동참할 수 있다.

- **명료도**

  소리의 전달 속도가 빠르지 않으면 단어의 경계가 흐려지고, 회중은 가사를 따라 부르기 어렵다. 반사음이 2초를 넘지 않도록 조정하는 것이 이상적이다. (특히 전자 음향이 강화된 현대 예배당에서는 필수적인 조정 원칙이다).

- **음색의 따뜻함**

  마이크 간의 밸런스와 이퀄라이저를 통해 조정할 수 있다.

③ **회중성**

심리학적으로 사람은 자신의 목소리가 들릴 때 더 쉽게 참여 의욕을 느낀다. 이것을 "청각적 자기인식(auditory self-feedback)"이라 한다. 즉, 회중이 찬양할 때 자신의 소리가 전혀 들리지 않으면 '내가 부르는 소리'라는 감각이 사라져 자연스럽게 노래를 멈추게 된다.

반대로 예배당 안에 자신의 목소리가 약간 섞여서 들릴 때, 그는 "공동체 안에 속했다"는 소속감을 느낀다. 따라서 회중 구역에서도 약간의 자연 잔향과 중음역 반사가 필요하다. 이것이 '회중 참여형 음향'의 핵심이다. 찬양 인도자와 음향담당자는 사람은 누구나 자신의 소리를 들을 때에 공동체의 일부로 느끼게 됨을 유념해야 한다.

7. 성가대의 마이크 사용

오늘날 대부분의 교회에서는 성가대의 찬양에도 마이크를 사용하고 있다. 아마 소리가 더 잘 들리기 하려는 이유일 게다. 그러나 "잘 들린다"는 이면에 있는 "자연스럽다"의 중요성은 간과될 수 있다. 우리 귀로 인식하는 소리는 단순한 진동이 아니라 공간 속에서 발생하고 반사되는 복합적인 음향 현상이며, 사람의 두 귀와 뇌는 이를 정교하게 처리해 하나의 입체적 음향 이미지를 구성한다.

그런데 마이크를 통해 들리는 증폭된 소리와 실제 공기를 진동시켜 울리는 생음은, 같은 곡이라도 전혀 다른 방식으로 인지된다. 이제 그 차이를 음향학적, 그리고 인지과학적 관점에서 구체적으로 분석하고, 왜 생음을 가능한 한 유지하는 것이 청각적으로나 심리적인 측면에서 바람직한지를 살펴보려 한다.

1) 생음과 증폭음의 물리적 구조
    (1) 생음의 전파 구조
    사람의 목소리는 성대의 진동이 성도(聲道)를 통과하면서 여러 공명강(구강, 비강, 인두강 등)에서 필터링되어 생성된다. 이렇게 만들어진 소리는 공기를 매질로 하여 사방으로 퍼져나가며, 직접음과 반사음으로 나뉜다. 청자는 이 두 음의 시간차와 방향성을 통합하여 소리의 거리, 크기, 공간감을 판단한다. 이 자연스러운 음향의 전파 과정은 밀리초(1/1000초) 단위의 시간차와 주파수 간섭을 통해 입체적 공간 이미지를 만들어낸다.

즉, 생음을 듣는다는 것은 단지 성가대원이 내는 소리를 듣는 것이 아니라, 그 소리가 예배당 공간 전체에 퍼지고 벽과 천장에 부딪혀 되돌아오는 공간의 울림을 함께 듣는 것이다. 이 미세한 반사음과 잔향(reverberation)은 사람의 뇌로 하여금 '현장감'을 느끼게 하는 핵심 요소이다(Blesser & Salter, 2007).

구분	생음(Real Voice)	증폭음(Amplified Voice)
음원의 출처	직접적인 공기 진동	전기적 신호 변환
주파수 범위	80Hz 16kHz	100Hz 12kHz (EQ최대범위)
음압 범위[3]	60~80dB	30~40dB(압축)
공간 지각	풍부하고 자연스러움	평평하고 좁은 공간감, 인공적이고 건조함
파형 구조	유기적, 배음 풍부[4]	압축, 평면적
주파수 응답	고르고 따뜻함	고역 과장, 저역 감쇠
청취 피로	낮음 (지속 가능)	높음 (단기 피로)

생음과 증폭음의 파형 구조를 비교하였다.

---

[3] 음압범위(Dynamic Range)는 한 음원이나 음향 시스템이 재생하거나 표현할 수 있는 가장 작은 소리(최저 음압)와 가장 큰 소리(최대 음압) 사이의 범위를 말한다(단위는 데시벨). 위의 표에서 60~80dB 음압 범위는 "아주 작은 소리와 아주 큰 소리의 차이가 약 1,000배"에 해당한다(음압은 로그 단위이므로, 20dB 차이는 약 10배, 40dB 차이는 약 100배, 60dB 차이는 약 1,000배). 따라서 성가대원은 피아니시모에서 포르티시모까지 폭넓은 음량의 변화를 자유롭게 구사할 수 있으며 청자는 "음의 깊이와 감정의 폭"을 자연스럽게 느낄 수가 있다. 반면, 상대적으로 좁은 음압 범위를 가진 증폭음은 마이크, 믹서, 앰프, 스피커를 거치면서 소리가 아주 클 때 찌그러지므로 자동으로 줄이고, 너무 작으면 잡음보다 묻히므로 인위적으로 올려준다. 그래서 모든 소리가 일정한 크기로 평준화되어 버린다. 결국 합창의 섬세한 부분은 사라지고 입체감 역시 감소한다. 이런 소리에 대한 우리 뇌의 반응은 '단조롭고 피곤하다'고 느끼면서 몰입감을 떨어 뜨리게 한다.

[4] 생음 파형은 불규칙하고 연속적인 진폭 변화를 보이며, 고차 배음이 자연스럽게 분포한다.

(2) 증폭음의 전기적 경로

마이크를 통해 들어가는 소리는 공기 중의 음압을 전기 신호로 변환하여, 케이블과 믹서, 이퀄라이저, 앰프, 스피커를 거쳐 다시 소리로 재생된다. 이 과정에서 다음과 같은 변형이 일어난다.

- 주파수 왜곡: 마이크의 수음 특성에 따라 특정 주파수 대역이 과장되거나 약화된다.
- 위상 지연(Phase delay): 전자 회로와 디지털 처리에서 발생하는 미세한 시간의 지연이 음의 입체감을 감소시킨다.
- 다이내믹 압축(Dynamic compression): 음량의 과도한 변화가 자동으로 줄어들어 자연스러운 강약 표현이 손실된다.
- 공간의 분리: 스피커에서 나오는 소리는 실제 발생지점이 아니라 설치된 기기 위치에서 방사되므로, 청자는 무의식적으로 "소리의 주체가 이동했다"고 느낀다.

이로 인해 증폭음은 명료도는 높지만 공간적 실재감이 약화된다. 청자는 실제로 "소리가 크지만 멀게 느껴지는" 이중적 경험을 하게 된다.

2) 사람의 귀와 뇌가 소리를 인식하는 방식

인간의 청각기관은 단순히 소리의 크기만을 측정하지 않는다. 귀는 음의 시간적, 공간적, 주파수적 정보를 동시에 처리하는 매우 정교한 생물학적 분석기이다.

- 양이 단서(Binaural cues): 두 귀 사이의 시간차와 음압차는 소리의 방향을 판단하게 한다. 생음에서는 각 성부나 악기의

위치가 이 단서를 통해 자연스럽게 구별되지만, 스피커에서 나오는 증폭음은 대부분 단일 방향에서 방사되어 그 구분이 사라진다.

- **스펙트럴 단서**(Spectral cues): 사람의 귓바퀴는 고주파의 미세한 간섭을 만들어 소리의 높이와 거리감을 인식하게 한다. 그러나 스피커를 통한 소리는 이러한 주파수 간섭이 거의 없으므로, "입체적 깊이감이 없는 평면적 소리"로 들린다.
- **청각적 마스킹**(Auditory masking): 큰 소리나 특정 주파수의 소리가 인접한 다른 소리를 덮어버리는 현상이다. 증폭된 찬양은 전체 음압이 높기 때문에 미세한 하모니나 언어 명료도가 묻히기 쉽다.
- **뇌의 예측 처리**(Predictive processing): 청각 피질은 과거의 청취 경험을 기반으로 다음 소리를 예측하며 의미를 해석한다. 자연스러운 공간음은 이러한 예측 패턴에 부합하지만, 전기적으로 압축된 증폭음은 뇌의 예측 체계를 혼란시켜 피로도를 높인다.

이러한 이유로 생음은 장시간 들어도 피로감이 적고, 증폭음은 '감각 과부하(sensory overload)'를 유발할 수 있다. 특히 고역대(3~5kHz)의 지속적 강조는 인지 피로와 청각 스트레스를 유발하는 주요 요인으로 지적된다.

3) 사람들이 간과하는 핵심 포인트

　귀는 단순한 수음기가 아니라 분석기이다. 사람의 귀는 크기보다 '질감'을 구별하는 기관이다. 마이크로 인한 주파수 왜곡은 인간의 뇌가 즉시 감지하며, 이를 "인공적"으로 판단한다. 큰 소리는 반드시 '잘 들리는' 것이 아니다. 일정 수준 이상으로 음압이 높아지면, 뇌는 자동으로 감쇠기제를 작동시켜 오히려 명료도가 떨어진다. 이를 청각 순응(auditory adaptation)이라 한다.

　소리의 방향성은 예배의 집중을 좌우한다. 인간은 시각과 청각이 일치할 때 집중력이 향상된다. 그러나 스피커가 천장이나 벽에 설치된 경우, 청자의 시선은 성가대를 향하지만 소리는 다른 방향에서 들려 집중이 분산된다. 잔향은 잡음이 아니라 공간의 언어이다. 지나친 흡음재나 디지털 이퀄라이징으로 잔향을 없애면, 청자는 소리의 여운을 통해 느끼던 '공간의 존재감'을 잃는다.

　반대로 과도한 잔향효과를 주는 것도 문제다. 소리의 미세한 차이가 감정의 깊이를 만든다. 생음의 미묘한 떨림, 호흡, 불균형은 인간의 감정 인식 체계에 긍정적 신호로 작용한다. 반면 완벽히 조정된 전자음은 감정적으로 무표정하게 들린다. 귀는 질감의 차이를 구별한다. 주파수 왜곡이 2dB만 발생해도 뇌는 '인공음'으로 분류한다(Toole, 2008). 큰 소리는 더 잘 들리는 것이 아니다. 85dB 이상에서 청각 순응으로 감각 민감도가 급격히 떨어진다.

　음향 기술의 발전은 분명 예배의 전달 효율을 높였다. 그러나 모든 기술은 인간의 감각과 공간의 특성을 존중할 때 비로소 진정한 유익을 발휘한다. 교회가 마이크와 스피커의 도움을 받더라도, 그 본래의 목표는 생음이 지닌 인간적 진정성과 공간적 울림을 보존하는 것이어야 한다.

자연스러운 소리의 흐름은 단지 청각의 문제가 아니라, 사람의 뇌가 평온과 몰입을 경험하는 방식과도 깊이 관련되어 있다. 결국, "소리가 크면 좋다"가 아니라 "소리가 제대로 들린다"가 더 중요하다. 예배당의 소리가 기술의 산물이 아니라 공기와 사람, 그리고 공간이 함께 만든 살아있는 음향으로 들릴 때, 그곳은 진정한 의미의 '울림의 장소'가 된다.

음향 기술의 목적은 '소리를 크게 만드는 것'이 아니라 '소리를 바르게 전달하는 것'이다. 교회에서의 음향 또한 그 본질은 공간 속에서 인간의 청각 체계가 자연스럽게 작동하도록 돕는 것이어야 한다. 생음이 지닌 배음의 풍부함, 방향성, 공간감은 단순히 미학적 요소가 아니라, 인간의 뇌가 편안하게 듣고 감정적으로 몰입하는 조건이다. 따라서 예배당의 음향 설계는 '더 크다'보다 '더 자연스럽다'를 목표로 삼아야 한다.

> 참고 도표

1. 생음과 증폭음의 파형 비교

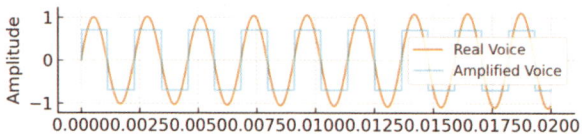

이 그래프는 생음(real voice)과 증폭음(amplified voice)의 파형 구조를 시각적으로 비교한 것이다. 생음 파형(파란색)은 불규칙하면서도 연속적인 진폭 변화를 보인다. 이는 성대의 미세한 진동과 공명강의 상호작용으로 생기는 자연스러운 배음과 시간적 변동성을 반영한다. 증폭음 파형(주황색)은 진폭이 일정하고 평평하게 절단된 형태로, 이는 컴프레서(Compressor)와 리미터(Limiter)에 의해 다이내믹 레인지가 인위적으로 줄어든 결과다.

이 차이가 보여주는 의미는 "감정의 깊이"와 직결된다. 생음의 미세한 진폭 변화는 인간의 뇌가 '자연스러움'으로 인식하는 패턴이며, 증폭된 평면적 파형은 피로와 인공감을 유발한다.

2. 주파수 반응 곡선

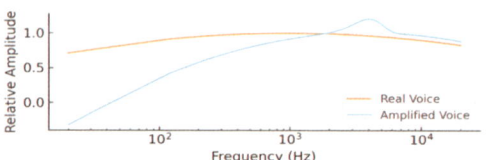

이 그래프는 생음과 증폭음의 주파수 응답(Frequency response)을 비교한다. 생음 곡선(파란색)은 80Hz에서 16kHz까지 고른 분포를 가지며, 음색의 따뜻함과 배음의 풍부함을 유지한다. 증폭음 곡선(주황색)은 3~5kHz 대역에서 과도한 상승을 보이는데, 이는 마이크와 EQ 세팅이 명료도(clarity)를 강조하기 위해 고역을 부스트한 결과다. 그 대신 200Hz 이하의 저역은 감쇠되어, 전체 음색이 '얇고 강한' 인상을 준다.

인간의 귀는 2~5kHz 대역에 가장 민감하기 때문에, 이 구간의 과도한 강조는 일시적 명료감을 높이지만 장기적으로는 청각 피로(auditory fatigue)를 유발한다.

3. 시간에 따른 감상 피로도

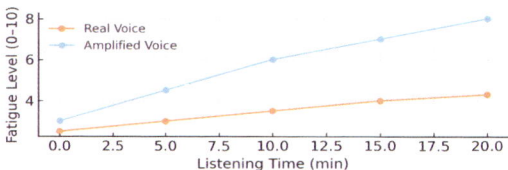

이 도표는 생음과 증폭음을 20분간 들었을 때 청취 피로도(fatigue level)가 어떻게 달라지는지를 시뮬레이션한 결과다. 생음 청취군(파란색)은 시간이 지나도 피로도가 완만하게 상승하며, 20분 후에도 평균 4점 이하를 유지한다. 증폭음 청취군(주황색)은 피로도가 가파르게 상승하여 20분 후에는 평균 8점에 도달한다.

이는 증폭음이 EQ·컴프레서 처리로 인한 주파수 왜곡과 뇌의 예측 불일치(predictive mismatch)를 초래하기 때문이다. 장시간 증폭음을 들으면 감각 과부하(sensory overload)가 발생하며, 이는 집중력 저하와 정서적 피로로 이어진다.

4. 잔향시간에 따른 공간감의 변화

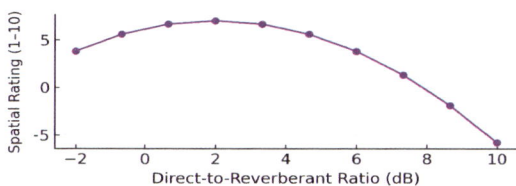

이 그래프는 예배당의 잔향시간(Reverberation Time, RT60)과 회중이 느끼는 공간감(spaciousness)의 상관관계를 나타낸다. RT60이 약 1.2초 전후일 때, 공간감 점수가 최고(약 10점)에 도달한다. RT60이 0.5초 이하로 줄면 공간감이 급격히 감소하며, 2초 이상으로 길어지면 음성 명료도가 떨어진다.

적절한 잔향시간은 인간의 청각이 '소리의 여운'을 통해 공간을 인식하는 데 핵심적이다. 즉, 예배당의 이상적 잔향은 1.0~1.6초 범위이며, 이 구간에서 회중은 "같은 공간 안에서 함께 울린다"는 심리적 통합감을 가장 크게 경험한다.

2장
음악의 이해[5]

1. 음악

음악이 무엇인지 모르는 사람은 없지만 막상 "음악이 무엇인가?"란 질문을 받을 때 쉽게 답할 수 있는 사람도 많지가 않다. 사람마다 음악에 대한 관점이 다를 뿐 아니라 음악 그 자체가 방대한 이유이기도 하다. 음악의 요소를 모두 언급하며 설명한다 해도 여전히 충분한 답변을 얻지 못할 것이다.

무엇보다 음악은 사람의 행위이다. 아무리 아름다운 새들의 노랫소리나 시원하게 흘러가는 시냇물 소리도 '음악 같고' '노래 같다'고는 할 수 있어도 '음악'은 아니다. 소리와 침묵으로 조직시킨 음악은 개인의 작곡, 즉흥, 연주, 감상기술을 사용하는 소리를 통해 의미와 미를 창출하는 인간의 제도이다.

음악의 특징은 다른 예술과 달리 시간에 의존한 예술이다. '시간의 조절자'로서의 음악은 시간의 흐름을 따라 의미를 전달하며 예상감을 가지고 음악을 듣게 한다. 그래서 음악은 긴장감과 해결의 느낌으로 사람의 몸과 마음을 이어준다.

---

[5] 이 주제와 관련한 내용 일부를 저자의 다른 저서 『성경의 음악과 음악치료』에서 옮겨왔다.

하지만 어디까지가 음악이고 어디서부터는 음악이 아니다를 규명하는 데에는 사람마다 이견이 있을 수 있다. 어떤 이들은 음악 안에 소리를 포함시키기도 하고, 또 다른 이들은 소리를 음악 이상의 큰 범주에 넣기도 한다. 또 비록 귀에 들리지는 않지만 파동 혹은 진동 등의 촉각으로 느껴지는 다감각의 느낌까지도 음악으로 간주하는 이들이 있다. 아무튼 지금도 음악은 시간을 따라 새롭게 변모하면서 독특한 예술의 형태를 이루고 있다.

1) 음악의 요소

음악은 '사람에 의해 조직되는 시간의 진행에 따른 소리와 침묵의 정연한 형태'로 정의된다. 한편 음악은 몇 가지 요소들로 구성된다. 음악의 요소에는 음(음절, 음색), 리듬(속도, 박, 박자, 소절, 악센트, 패턴), 멜로디(장단, 고저, 상향/하향, 음정 간격, 음역), 화성(장·단조, 조성, 협·불협화성), 세기(역동성, 무드), 형식(동기, 악절, 주제, 변화와 통일), 그리고 가사를 추가하기도 한다.

음고는 진동수에 의해 생기는 것으로 물리적인 작용이다. 대체로 급격한 진동은 자극적이며 느린 진동은 이완적인 효과를 가진다. 이는 신경의 긴장과 이완을 유도한다. 따라서 신경질적이고 긴장된 사람은 높은 진동이 계속 진행될 경우 좋지 않은 반응을 나타내게 되며, 반대로 에너지의 충전이 필요한 사람이 느린 진동수의 낮은 음정을 계속 듣게 되는 경우 역효과가 나타나게 된다. 음악에서 이러한 진동수의 변화는 긴장이나 이완을 야기하는 역할을 한다. 어떤 찬양집회에서는 시작부터 현악기들이 한 옥타

브 때론 더 높은 음역의 오브리가토를 넣으며 의도적으로 시종 긴장감을 조성하는 것을 보는데 이는 긴장을 높이려 하는 것일 수 있다.

음악에서 음고는 선율로 이어지는데 마치 정형시처럼 소절로 구성된다. 찬송가도 한 음 또는 작은 단위의 리듬선율 이상으로 구성되는 소절 단위로 부르는 게 좋다. 대부분의 찬송 소절은 시작은 조용히 그리고 조금 확장되다가 다시 돌아오는 식의 마무리인데 소절을 따라서 부르면 가사의 뜻은 물론 찬송을 깊이 있게 부르게 된다.

강도는 진동의 폭에 의존하는데, 진폭이 크면 음향이 커지고 소리의 전달력이 확대된다. 소리의 강도는 음악의 효과를 내는 데 큰 역할을 하며, 거의 그것만으로도 충분히 만족하게 한다. 소박한 음악 감상자가 실내악보다 교향악을 좋아한다면 그 곡에 대한 흥미나 음악적 가치와는 상관없이 단지 음향이 크기 때문에 좋아할 수도 있는 것이다.

부드러운 음향은 친밀감을 가져다주며, 여리고 소극적인 사람에게 안전한 분위기를 조성하여 위압이나 강요에서 벗어난 환경을 느끼게 한다. 반면, 강한 감각을 구하는 청중에게는 이러한 평온과 안정이 초조감을 불러일으키기도 한다. 이러한 소리의 세기는 리듬이 함께 작용할 때 극적인 음악 효과를 불러오게 한다. 음향은 또한 어떤 정감을 불러일으키는 환경을 만드는 데 중요한 요인이 되기 때문에 음악인도자는 회중의 상태나 상황에 적합한 음향을 유지하도록 신경을 써야 한다.

사실 찬송 중에서도 음악이나 가사를 따라 크고 활력 있게 불러야 하는 곡이 있고 조용하고 편안히 불러야 할 찬송이 구별된다. 모든 찬송을 획일적으로 크게 부르거나 드럼반주를 넣어 부르는 것은 맞지가 않다. 반대로 어떤 교회는 예배찬송에 활력이 없고 심지어 단조풍의 찬송을 많이 부르기도 한다. 이 역시 목회자의 취향과는 상관없이 바람직한 상황이 아니라 본다.

정말 당황스런 것은 요즘도 시종일관 큰 음향으로 한 시간 예배를 보고 나면 정신이 하나도 없는 교회가 있다. 지나치게 큰 소리의 음향은 사람의 청각기관을 상하게 할뿐더러 정서에도 심각한 해를 미친다. 이 역시 목회자가 어떤 의도로 그렇게 큰 음향을 조장하는지는 모르겠으나 바람직한 상황은 아니다.

음색은 소리의 질을 나타내는 것으로, 우선 각 악기의 특성을 구별시켜 주는 음악의 요소다. 이러한 음색의 신비로움 때문에 동일한 작품을 같은 수준의 두 연주가가 연주하거나 노래한다 할지라도 연주가의 성악적 혹은 기악적 음색의 차이가 청중에게 다른 효과로 나타날 수 있다. 이 개인적인 음색의 차이는 음악에서 중요한 의미를 갖는다. 이것은 연주자와 청중 사이에 고유한 커뮤니케이션의 채널을 형성하기 때문이다. 다만 음색은 다른 음악 요소와는 달리 측정할 단위가 없다. 음색은 소리의 강도나 음정처럼 문자적으로 표시하는 단위가 없어 이에 대한 묘사는 사람의 주관적인 설명에 의존한다.

음색에 주목하게 되는 것은 우리가 이야기를 재미있게 들을 때에 대개 이야기하는 사람이 각 등장인물에 어울리는 목소리로 흉

내 내어 말하는 것을 떠올릴 수 있다. 만일 찬송가 가사를 음미하면서 부른다면 가사를 따라 노래하는 음색이 자연스럽게 달라질 것이다. 아무런 생각없이 시종일관 같은 음색으로 부르는 찬송과, 마음에 가사를 새기면서 부르는 찬송은 엄연히 달리 구별되는데 이는 바로 음악 요소인 음색의 차이라 하겠다.

화음은 주파수가 다른 2개의 음이 동시에 소리 날 때 맺어지는 관계다. 화성의 진행을 통해 사람은 이를 유쾌하거나 불쾌하게 받아들인다. 서양음악의 화성법칙 내에서 어떤 화음은 그것이 소속된 음 조직에 의해 서로 끌어당기거나 반발하거나 무관심한 채로 존재한다. 그러므로 이러한 결합은 시간 속에서 움직임과 갈등, 해결의 역동적 드라마를 형성해 간다. 해결과 완성의 최종 단계에 도달하기 이전의 음악 구조는 인간의 삶과 마찬가지로 자극이나 초조, 불안을 유발하는 불협화음이 함께 한다. 이것은 대개 마지막에 해결로 마쳐진다. 이러한 화성의 변화는 음악이 추구하는 의미를 전달하며, 시작부터 종결에 이르는 시간적인 진행으로 이끌어 간다. 음악적 진행은 아무리 불협화음일지라도 화성과 질서를 따라 끝나게 되는데, 이때 청중이나 연주가에게 모두 정서적 만족감을 가져다 준다.

예배에서든 개인적 모임에서든 우리가 찬송을 연이어 부를 때에는 가능한 관계조, 즉 연관이 되는 조성의 곡으로 이어 부르는 것이 좋다. 비슷한 주제의 가사를 찾지만 그런 유사한 주제 중에서도 이왕이면 관계조가 되는 곡을 선택하는 것이 좋다. 관계조는 공통의 음들이 많아 노래 부르는 데 부담이 없고 편안하게 이어 부를 수 있다.

관계조는 3가지인데,

(1) 근친조(dominant key): 현재 조성의 위로 5도, 아래로 5도가 되는 조성의 곡이다. 현재 부르는 곡이 다장조(C Major)라면 5도 위인 사장조(G Major) 그리고 5도 아래인 바장조(F Major)가 된다.

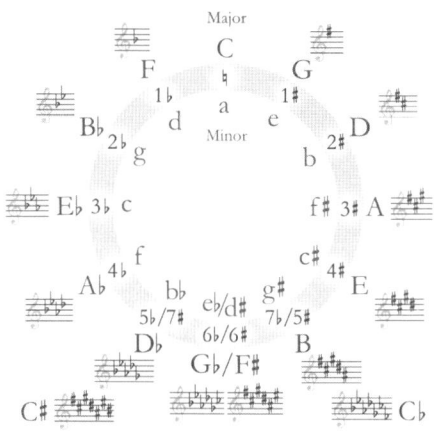

[그림 10] 조성의 관계를 보여주는 5도권 (출처: WIKIPEDIA)

(2) 병행조(relative key): 조표가 똑같이 붙은 장조와 단조를 말한다. 즉 단3도의 간격으로 이루어진 장단조의 조성관계를 말한다. 현재 부르는 곡이 가장조(A Major)라면 단3도 아래인 올림바단조(f# minor), 만일 사단조(g minor)이면 단3도 위의 내림나장조(B♭ Major)이다.

(3) 동주음조(parallel key): 같은 음을 으뜸음으로 하는 장조와 단조의 관계이다. 예로써 바장조(F Major)와 바단조(f minor), 라단조(d minor)와 라장조(D Major) 등이다.

리듬은 어느 문화, 어떤 음악에나 공통적으로 존재하는 기본 요소다. 리듬의 역할은 조직력과 에너지에 있다. 분명한 것은, 리듬 없이는 음악의 존재를 이야기할 수 없다는 사실이다. 사람은 생체화학적으로 호흡과 맥박이라는 일정한 리듬의 바탕 위에 생체리듬을 형성한다. 한 예로, 교육과 문화의 영향 없이도 어머니는 아기를 재우는 데 리듬을 사용하는 것을 볼 수 있다. 리듬은 어떤 면에서 인간 생존의 기본이라고 할 수 있다.

이러한 리듬의 역할은 함께 일하도록 돕는 데 있다. 리듬은 여러 가지 다른 상황에 놓인 사람을 하나로 연합하여 공동의 목적을 이루게 하는 역할을 한다. 예를 들어, 처음 만난 사람이 같이 춤을 추기란 쉽지 않으나 음악이 연주되면 사람들은 리듬을 따라 초면의 사람끼리도 자연스럽게 팔짱을 하고 춤을 추는 것을 보게 된다.

예배에서 곡을 선정할 때에도 예배든 모임이든 시작할 때에는 리듬적인 음악보다 멜로디와 지지하는 화성의 곡이 좋다. 이를 동질성의 원리라고 하는데 현재 신체생리적인 상태나 심리 상태와 유사한 음악으로 맞추는 것이다. 갑자기 리듬적인 찬송을 시작부터 하게 되면 따라하기 힘들고 예배가 힘들게 느껴질 수 있다. 또 사람들의 참여가 높아지고 활력이 있을 때에 축축 처지는 찬송을 부르는 것도 답답한 일이다.

리듬은 특히 사람의 움직임과 관련된다. 찬송가는 대개 4/4박자 정박, 즉 첫 박과 세 번째 박에 악센트가 놓인다. 반면 록 비트는 박의 악센트가 정박에 오지 않고 백비트의 구조를 갖는다. 드럼 하이햇의 강렬한 8비트가 매우 중요한 리듬 컬러를 만들어 주는 것이 특히 중요한 부분이다. 이런 리듬의 음악은 규칙적이고 정상적인 신체생리적 현상을 거스르면서 자신도 모르게 리듬에 몸이 빨려 들어가듯이 움직이게 한다. 이런 리듬은 사람을 대상으로 하기에 하나님께 대한 경배나 예배에서는 유의하여 사용할 것이다.

마지막 음악의 요소는 형식이다. 음악 요소로서의 형식은 우리가 음악의 진행과 종결을 예상할 수 있도록 해주어 음악의 즐거움을 더해준다. 악곡의 형식은 반복 형식, 계속 형식, 정한가락 형식, 모방 형식, 복합 형식, 순환 형식이 있다.

찬송가는 대개 마디 수가 16마디, 또는 24마디로 되어 있다. 그래서 대개 16마디의 2부 형식(A-B), 그리고 24마디의 3부 형식(A-B-A, 또는 A-A-B)으로 되어 있다. 이때 대개 A부분을 힘 있게 부르면 B부분은 부드러운 경우가 많아 이런 대조적인 표현을 잘 음미하며 부른다면 찬송의 의미를 깊이 있게 새길 수 있다. 어떤 찬송에서 A부분과 B부분, 혹은 후렴부분에서 빠르기를 달리 표현해 부를 수도 있을 것이다.

2) 음악 장르

우리는 음악을 형태와 상황으로 구분하여 말한다. 악기로 연주되면 기악연주, 사람의 목소리면 성악이다, 자장가나 아동의 음악, 종교와 관련되면 종교음악, 행사에 사용되는 의식음악. 캠프나 춤, 오락에서의 대중음악, 민중의 삶의 모습을 담은 민요, 군가나 행진을 위한 군대음악, 체조음악, 방송음악, 영화음악, 광고음악 등 음악이 사용되는 배경이나 상황에 따라 달리 부른다. 지역에 따라 동양음악, 서양음악으로 구분하기도 하고 나라마다 고유한 민족음악이 있다. 우리에게 친숙한 서양 고전음악도 시대별로 발전해 왔는데 중세, 르네상스. 바로크, 고전, 낭만, 모더니즘을 거쳐 오늘날 현대음악에 이르고 있다. 이렇게 시대에 걸쳐 발달해 온 음악은 지금 이 시간도 새로운 형태와 방식을 창출하며 빠르게 발전해 가고 있다.

음악을 구체적인 장르로 구분하면 매우 복잡해진다. 익숙한 몇 가지만 추려보면, 오페라나 교향곡을 포함하는 고전음악(classical), 미국의 백인 전통음악 컨트리(Country), 아프로 아메리칸의 뿌리가 되는 대표적인 장르인 블루스(Blues), 50년대와 60년대 사이에 미국에서 인기를 끈 연주 음악들을 통칭하는 이지 리스닝(Easy listening), 자유롭고 즉흥적인 재즈(Jazz), 60년대 청년문화와 저항 정신을 상징하는 강렬한 보컬과 기타, 일렉트릭 베이스, 드럼 등의 악기연주와 4/4박자 벌스-코러스 형식으로 특정되는 록(Rock), 그 시대의 대안적이고 실험성 짙은 음악을 말하는 얼터너티브(alternative), 춤추기 좋은 댄스 음악(dance music), 사람이 직접 연주하지 않는 기계음의 전자음악인 일렉트로닉(Electronics), 랩으로도 불리는 리듬감이 특징인 힙합(Hip hop), 음악산업의 주류나 주류무대의 음악으로부터 독립된 음악을 뜻하는 인디(Indie), 대중적인 복음 성가 가스펠(Gospel), 다양한 무용 리듬이 특징인 라틴음악(Latin), 찢어지는 듯한 쇳소리 같은 기타연주에 거칠고 경쾌하고 빠른 드러밍이 특색인 메탈(Metal), 뉴에이지 운동을 음악적 표현으로 재해석한 음악으로 명상이나 영감, 긴장완화를 목적으로 하는 뉴에이지 음악(New-age), 대중음악의 가장 기본인

팝(Pop), 기존 장르에 반발하여 탄생한 진보적 음악을 칭하는 프로그레시브(Progressive), 1950년 중반에 미국 흑인들 사이에서 가스펠, 블루스에 댄스풍 재즈 리듬이 섞여 탄생한 R&B(R&B: Rhythm and Blues), 1970년대 초반 미국 흑인 민권운동과 함께 탄생한 흑인들의 자긍심으로 불리우는 소울(Soul), 1960년대 후반 자메이카 전통음악인 스카(ska)로부터 발전한 음악으로 느린 4/4박자에 독특한 오프 비트 리듬과 마디의 두 번째와 네 번째 박에 강박이 있는 특징을 가진 레게(Reggae), 그리고 한국에서 만들어져 한국어가 들어가고 한국인이 향유하는 가요로 알려진 케이팝(K-pop)이 있다.

즐겨듣는 음악이나 선호하는 음악이 개인의 인성에 어떤 영향을 주는가를 탐색한 연구들이 있다. 일반적으로 외향적인 사람은 감정적인 음악을 선호하고 보수적인 사람은 진보적인 사람보다 익숙한 음악을 더 선호한다고 한다. 또 음악적인 훈련배경이 있는 사람들은 고전음악에 대한 선호가 높다고 한다. 하지만 개인의 음악적 선호에 미치는 영향력의 변인들이 매우 많기에 단적으로 이렇다고 단정 짓는 것은 무리가 있다.

음악의 선호와 관련된 역유(U)이론이 있다. 개인이 동일한 음악에도 상황에 따라 선호도를 달리 보일 수가 있는 것인데, 정보이론에 의하면 음악마다 고유한 정보량이 있어 이 값을 수치로 계산할 수 있다고 한다. 이 음악정보의 양이 만일 개인이 받아들일 수 있는 현재의 수용능력 상태와 일치하면 높은 선호로써 정보의 수용이 일어나게 되지만 만일 음악의 정보량이 개인의 정보수용능력을 초과하거나 오히려 못 미치면 그 음악에 대한 선호가 낮아지고 정보의 수용도 떨어진다는 것이다.

예배 찬송도 마찬가지이다. 회중의 정보수용량에 맞는 음악 정보량을 고려하면 좋을 것이다. 그렇다고 곡마다 정보량을 계산할 필요는 없다. 일반적으로 음악의 정보량은 반복이 많을수록, 음역이 일정 범위에 제한될 때, 음악 진행에 대한 예상감을 가질 수 있을 때 더 적어진다. 반대로 반복이 없는 새로운 멜로디나 넓은 범위의 음역, 음악이 어떻게 진행되고 결말로 진행하는지 예상할 수 없을 때는 정보량이 많다고 보면 된다.

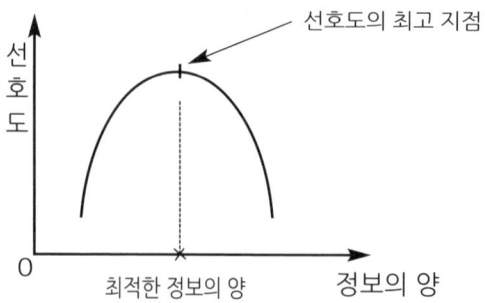

역유(U)곡선. 입력되는 정보의 양이 내가 수용할 수 있는 '수용량'에 부합될 때 들리는 정보에 대한 나의 선호도는 최고 지점에 이른다. 반면, 나의 수용량보다 정보의 양이 점점 더 많아지거나, 반대로 정보가 나의 수용량에 못미칠 때에는 선호도가 감소한다. 곧 집중력이 떨어지거나 지루하게 느끼게 된다.

2. 음악과 인간행동

로자토 베텟(Rossato-Bennett, 2014)의 다큐멘터리 영화 'Alive Inside: A Story of Music & Memory'가 "그 노래를 기억하세요?"로 EBS에 소개되었다. 다음은 이 영화 내레이션의 한 부분이다.

> 체내수정 후 22일이 되면 세포 하나가 깨어난다. 이 최초의 박동은 부근 세포들을 깨우는데 놀랍게도 세포들은 모두 한 박자로 고동치기 시작한다. 고동치는 이 세포들은 분열을 거듭하며 심장이 된다. 이렇게 음악의 가장 기본이 되는 박은 사람의 심장박동과 연관된다. 사람의 심장이 신체 상태에 따라 때론 빨리 또 때론 느리게 뛰듯 음악의 빠르기도 마찬가지이다. 빠른 빠르기의 음악은 활력을, 느린 빠르기는 안정적인 움직임과 연관된다.

박은 모든 동물, 생물의 기본인데, 특히 사람은 박자에 대한 반응이 태어나면서부터 프로그램되어 있는 것 같다. 음악의 박을 인식하고 그것에 맞추어 움직이는 능력은 4, 5세까지 자연스럽게 발달하며 이는 모든 문화의 인류가 보여주는 보편적 행동이다. 의식하든 하지 않든 우리 몸은 박을 인식하고 박에 반응한다.

음악과 연관된 이러한 행동을 사람의 음악적 행동이라 부른다. 사람이 음악으로 무엇을 하는 행동, 예를 들어 악기를 연주하거나 노래 부르는 등의 행동이 음악적 행동이다. 이런 음악적 행동은 혼자서 할 수 있고 다른 이들과 함께 어울려 할 수 있다.

음악이 사람에게 무엇을 해주는 행동 역시 음악적 행동이다. 주로 음악을 들을 때에 일어나는 행동이다. 음악을 들으며 외롭거나 슬픈 마음을 위로받는다거나 행진곡에 발맞추며 행진할 때 등을 말한다. 역시 개인적으로 또 집단적으로도 일어나는 음악적 행동이다.

사람이 음악을 만들고, 사람들의 음악적 행동이 매우 보편적이며 자연스럽다는 측면에서 음악은 인간행동이다. 희노애락의 상황에서 사람들이 보이는 행동 양상들은 음악의 경우와 매우 유사하다. 기쁠 때의 노래, 화낼 때의 큰 소리, 애절한 슬픈 음성 그리고 즐거울 때의 신명 나는 가락 등은 매우 자연스러운 음악적 행동이다. 같은 사회와 문화권에 있는 사람들에게는 더욱 그러하다. 인간행동의 양상들이 얼마나 음악적 행동과 유사하거나 일치하는가는 몇 가지 사실만 살펴보아도 분명하다.

몰톤(Morton, 1977)은 조류 28종, 포유류 28종의 발성을 조사했는데, 이들은 위협과 공격성을 나타낼 때 낮은 음고의 소리를, 순종적이고 친밀감의 상황에서는 높은 음고의 소리를 낸다는 것이다. 사람 간의 대화도 마찬가지이다. 사람들은 반가운 친구들과 떠들때엔 음고가 높아지고, 낯설고 조심스런 상황에서는 음고가 낮아진다. 음악도 낮은 음고로 전조되면 덜 공손하며, 덜 순종적이고, 더 위협적인 상황임을 예상하게 한다. 그래서 오페라의 영웅은 주로 테너와 소프라노가, 악당은 베이스와 콘트라알토가 맡는 것이 우연이라 말할 수 없다.

동물들의 이빨은 공격성을 상징한다. 그런데 동물 중에서 유일하게 인간만은 웃을 때 이빨을 드러낸다. 여기도 이유가 있다. 음향적으로 보면 이빨로부터 광대뼈 근육을 당겨 피부를 팽팽하게 하면 목의 성도 길이(vocal tract length)가 짧아져 높은 공명적 주파수를 낼 수 있기 때문이다. 적은 양의 에너지로 공명관을 울릴 수 있으려면 짧은 성도 길이를 필요로 한다. 결국 이빨을 드러내면서 웃는 웃음소리는 멋진 표정을 염두에 둔 것이라기보다 좁은 공동(small resonant cavity)의 소리를 내기 위해 수반되는 현상인 것이다.

아기들의 소리는 귀엽다. 보페리안과 켄트(Vorperian & Kent, 2005)는 음향적으로 약 2,100Hz의 음역대의 소리를 사람들은 귀여운 소리로 느낀다고 한다. 이는 한 살된 아기의 8cm 되는 성도 길이에서 나오는 소리인데 나이가 들면 성도 길이도 자연 길어진다. 성인들의 성도 길이는 16cm내외여서 아기 같은 소리를 내지를 못한다. 귀여운 소리를 모방해 만든 악기들 모두 2,100Hz의 음역대의 소리들인데 오카리나, 뮤직박스, 소프라노 리코더 등이다.

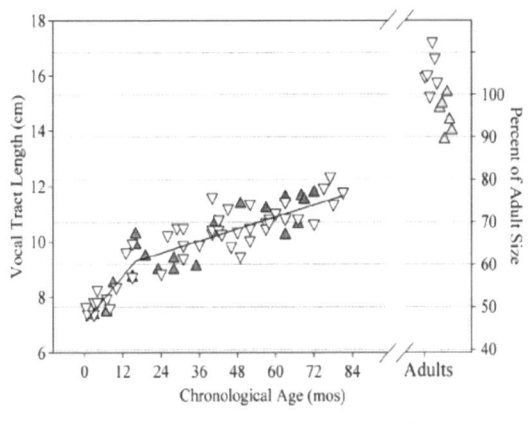

[그림11] 연령에 따른 성도 길이

비명을 지를 때 사람들은 높은 음고의 소리를 낸다. 주파수로는 약 3000Hz~4,000Hz 되는 높은음인데 여기에도 이유가 있다. 라도시와 보일(Radocy & Boyle)의 음악심리학에는 86쪽 하단의 그림처럼 동등한 세기로 들리는 소리를 연결시켜 곡선의 형태로 만들어진 동세기 곡선을 소개한다. 즉 같은 세기의 소리로 사람이 인식될 때를 여러 다른 주파수별로 이어놓은 것이다. 예를 들어, 약 3,000Hz의 음이 40dB의 강도로 소리 난다고 가정해 보자. 이 음이 100Hz로 낮아진다고 할 때 같은 세기로 들려지기 위해서는 60dB의 강도를 갖는 세기의 소리를 내어야 한다.

아래의 '준위차이의 강도비율' 표를 보면 20dB의 차이는 소리 강도로는 100배이다. 다시 말해 한 사람이 내는 3,000Hz의 소리는, 100Hz의 소리를 100명이 낼 때의 소리와 같은 세기란 말이다. 따라서 높은 음고의 비명소리를 내는 것은 낮은 음고의 목소리로 비명을 내는 것보다 훨씬 적은 에너지로 멀리까지 소리를 보낼 수 있기 때문에 위급한 상황에 효과적이다. 이렇게 하여 사람은 비록 의식하진 않지만 위급한 상황에서 본능적으로 높은 음고의 소리를 지르는 것이다.

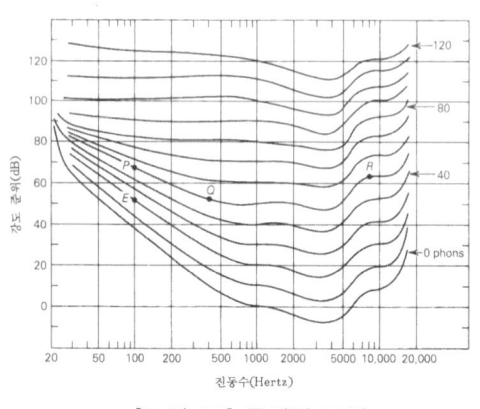

강도 비율	준위 차이
1.0	0 dB
1.3	1 dB
1.6	2 dB
2.0	3 dB
2.5	4 dB
3.2	5 dB
4.0	6 dB
5.0	7 dB
6.3	8 dB
7.9	9 dB
10.0	10 dB
100	20 dB
1000	30 dB
…	…
10n	10ndB

[그림 12] 동세기 곡선
변화하는 주파수의 소리를 동등한 세기로 듣기 위해 필요한 강도를 이어 그린 선이다. 주파수가 낮을수록 더 센 강도가 요구된다.

준위 차이의 강도 비율

독서능력과 리듬능력 간에 긍정적인 상관이 있다는 연구가 있다. 트레이노와 코리칼(Trainor & Corrigal, 2010)은 실험에서 8세 아동의 리듬구별 능력과 읽기능력 간의 관련성이 있음을 확인하였다. 이 연구에서는 리듬과제 수행능력의 정도가 독서력을 예측할 수 있다는 것이다. 이는 음고지각능력과는 관련이 없었다 한다.

음악적 리듬지각에는 사건의 기본적인 시간 길이(duration)와 강도(intensity)를 인식하고, 소절(phrasing)을 인식하고, 상대적인 시간 길이의 패턴에 대한 감각이 필요하며, 들릴 때 박의 느낌을 가지게 되는데 이때 사람에게 리듬적인 동작을 유발시킨다. 글 읽기 학습에서도 지각적으로 각기 다른 단위를 지속적인 소리 연결로 구분하게 됨을 뜻하는데 이것을 '음율적 인식(phonological awareness)'이라 한다. 읽기 능력에는 사건의 기본적인 시간 길이와 정도를 인식하고, 소절을 인식하고, 상대적인 시간 길이의 패턴에 대한 감각이 필요한 것이다. 아브람스 외 연구가들(Abrams, et al, 2009)도 파형 엔빌로프의 신경적 측정으로 아동의 읽기 능력을 예견할 수 있었다고 한다.

3. 음악의 효과

사람이 음악으로 무엇을 하든, 음악이 사람에게 무엇을 해주든 간에 음악적 행동은 사람에게 영향을 미친다. 그런데 이 음악의 영향력은 음악이 들릴 때 일시적으로 나타나는 효과일 수 있고, 반면 음악이 없는 상황이 되어도 여전히 유지되는 영속적인 효과로 나타나기도 한다.

1) 일시적 효과

우리가 음악에서 갖는 효과는 두 가지로 구분된다. 첫째는 일시적 효과이다. 지금 이 시간의 음악적 행동이 개인에게 어떤 형태로든 변화를 가져오는 상황이다. 음악이 사라지면 그 효과도 같이 사라져 버린다.

연구가들(Thaut, et al, 1991)은 음악의 리듬이 운동신경의 전달을 강화하고 동조시키는 데 영향력을 행사하는 것을 발견했다. 박과 리듬의 영향력은 우리가 흔히 아는 대로 군인들이 음악에 발을 맞추며 행진하게 하는데 리듬체조에서 음악을 중요하게 사용하는 이유이다.

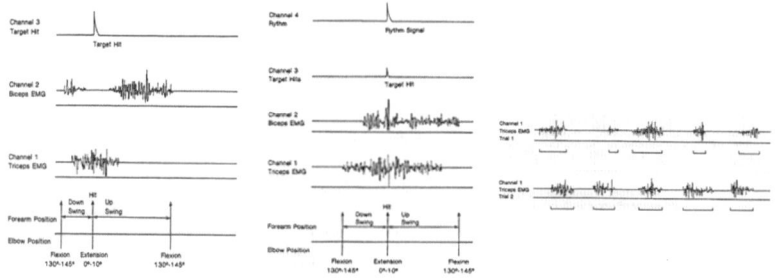

[그림 13] 맨 왼쪽은 북채로 북을 때릴 때에 일어난 이두근과 삼두근의 EMG 반응이다. 가운데는 들리는 박에 맞추어 북을 때릴 때에 이두근과 삼두근의 EMG반응이다. 맨 오른쪽은 리듬이 없을 때(위), 리듬을 들으면서(아래) 북을 칠 때의 삼두근의 EMG이다.

리듬적이고 자극적인 음악은 사람의 교감신경을 자극하여 근육운동 체계를 활성화하는 반면, 침체시키는 음악은 사람의 부교감신경을 자극하여 편안하고 안정된 상태로 유도한다(Ellis & Thayer, 2010). 일반적으로 자극적인 음악의 성격은 리듬적이며 스타카토나 싱코페이션, 악센트가 많고 조성의 변화가 급격하며 음역의 폭 또한 상대적으로 넓다. 음악이 어떻게 전개되는가에 대한 예측 또한 불확실한 경우이다.

반면에 사람을 안정시키고 활동을 진정시키는 음악의 성격은 리듬적이라기보다 레가토적인 멜로디 중심의 음악이다. 조성의 변화는 거의 없거나 관계조의 이동으로 진행한다. 음역의 폭도 제한적이며 멜로디의 급격한 변화는 없다. 멜로디가 자주 반복되므로 감상자는 친근함과 예상감을 가지고 음악을 들을 수 있다.

자극적	진정적
음악의 속도가 빠르다	속도가 느리다
리듬적	멜로디적
큰 소리	부드러운 소리
급격한 화성변화	지속적인 화성
반복되는 리듬	반복되는 멜로디
비화성적인 화음	화성적 화음
스타카토, 싱코페이션	규칙적, 내재된 박

자극적/진정적인 음악의 특성

자신이 좋아하는 음악을 감상하는 것은 스트레스적인 상황을 벗어나게 한다는 연구가 있다. McGill 대학의 센다와 레비틴(Chanda & Levitin, 2013)은 스트레스에 대한 음악의 영향력을 400개 이상의 논문을 검토한 결과로 발표했는데, 음악을 듣는 것이 환자의 스트레스를 줄이는 데 도움이 될 뿐만 아니라 면역 체계 기능을 향상시키며 심지어 수술 전 환자의 불안을 줄이는 데 처방약보다도 더 효과적이었다 한다.

통증을 경감시키는 음악의 효과에 대한 여러 연구들이 있다 (Bernatzkya et al., 2011). 쾔시 외 연구가들(Koelsch, et al., 2011)은 수술을 앞두고 마취에 들어가는 40명에게 배경음악을 들려줄 것이라 말하고 20명에게 기악곡을, 20명에게 파도 소리를 헤드폰으로 들려주었다. 연구 결과 음악을 감상할 때 고통에 대해 주의집중케 하는 통증 신경행렬의 부분인 편도중심핵의 하향 조절이 있었으며, 더불어 인지적으로도 주의집중을 분산할 수 있어 통증이 경감될 수 있었다고 한다.

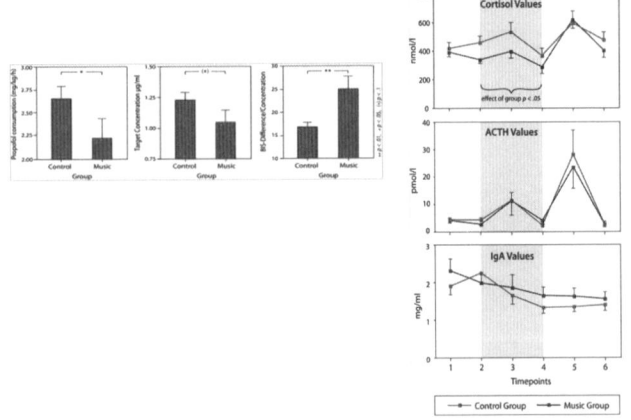

[그림 14] 척추마취 동안 코르티솔 수준과 프로포폴 소비에 미치는 음악감상의 영향을 알아보았다. 음악을 감상한 집단에서 콜티졸과 ACTH 호르몬의 감소가 일어났으며 면역 호르몬으로 알려진 IgA호르몬이 증가하였다.

저스린(Juslin, 2008)은 즐거운 정서반응이 음악감상에서 일어난다고 한다. 신경학적으로 보면 즐거움(쾌락)은 중간변연계 도파민 활동과 연관되어 있다. 메논과 레비틴(Menon & Levitin, 2005)은 음악감상이 피질하부구조(NAc, VTA, 시상하부)의 네트워크의 유의한 활성화를 가져오는 것을 발견했다. 중격핵(NAc)과 복측피개구역(VTA)에서의 기능적인 연결성을 분석한 결과 시상하부와 이들 간에 유의한 연관성이 있음을 확인하였다. 이 세 영역의 활성화는 음악의 보상과 정서적 양상을 뇌와 중재함을 뜻한다. 이 연구는 VTA가 중간변연계 도파민 신경세포의 장소여서 NAc투사와 도파민의 방출은 보상처리시스템을 위한 활성화인 점을 확인한 것이다.

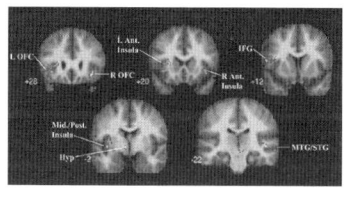 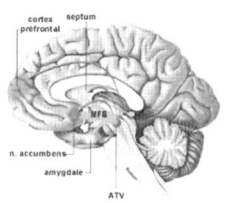

[그림 15] 음악감상은 피질하부구조의 네트워크에 활성화를 가져온다.

아래 그림은 대뇌 기저핵의 일부인 선조체(striatum)의 반응을 살핀 것으로, 왼쪽은 코카인을 흡입했을 때에 쾌락을 동반하는 선조체 반응을 촬영한 것이다(Cox, et al., 2009). 가운데는 각성제의 일종인 암페타민으로 유발된 선조체의 영상이다(Leyton, et al., 2002). 그리고 오른쪽은 알코올 섭취로 유발된 선조체 반응 영상이다(Boileau et at., 2003). 모두 같은 대뇌 선조체 반응을 통한 쾌락 반응인데, 음악 감상을 통해 절정의 경험을 한 사람의 뇌를 영상 촬영해 보니 동일한 선조체에서의 반응이 관찰된 것이다(Salimpoor et al., 2011).

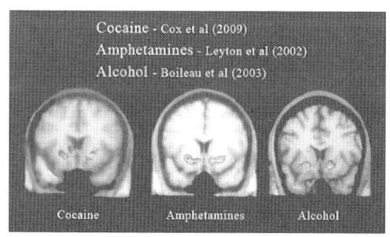 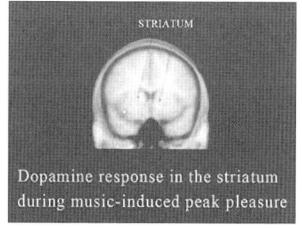

[그림 16] 음악감상의 경험이 대뇌 선조체의 쾌락반응으로 관찰된다.

블러드와 자오르(Blood & Zatorre, 2001)는 음악감상에서 오싹한 경험을 가질 때 대뇌반구의 혈액순환의 정도를 통제군과 비교하였는데 결과 음악이 단순한 기분 반응만이 아닌 생물학적인 반응과 연관되었음을 확인하였다. 이 연구에서 연구가들은 바버의 〈현악4중주, op. 11〉, 라흐마니노프의 〈피아노 협주곡 제3번〉 그리고 피아졸라의 〈Verano Porteno〉 중에서 일부를 발췌하여 들려주었다.

2) 영속적 효과

주로 반복적인 음악경험에서 오는 음악의 영속적인 효과는 몇 주에서 몇 달, 혹은 몇 년, 어쩌면 평생 지속될 수도 있다. 지속되는 음악 경험, 그것이 수동적인 감상이든 적극적인 연주활동이든 간에, 우리 대뇌에 구조적인 변화를 가져오게 한다. 뇌신경 가소성으로 설명되는 이러한 구조적 변화는 일반적으로 음악인의 뇌가 일반인의 뇌와 다르다는 것으로 설명된다.

굳이 오랜 기간의 음악적 훈련이 아니더라도 사카모 등(Sarkamo et al., 2015)은 급성허혈성 중풍 환자에게 매일 1~2시간씩 1개월간 음악을 감상하게 한 결과 (회백질의 증가로) 전두변연계 네트워크에서의 성형 변화가 일어났는데 이는 음악에 의한 인지적·감정적 회복에 직접 연관되는 것이었다.

연구자는 결론에서 중풍 발생 후 한달동안 매일 음악을 감상하는 것이 전두변연계 영역 네트워크에서의 미립자의 구조적 재구성으로 이어짐을 보여준다면서, 이렇게 전두변연계 영역의 성형 변화는 음악에 의한 인지적, 감정적인 회복에 직접 연관된다는

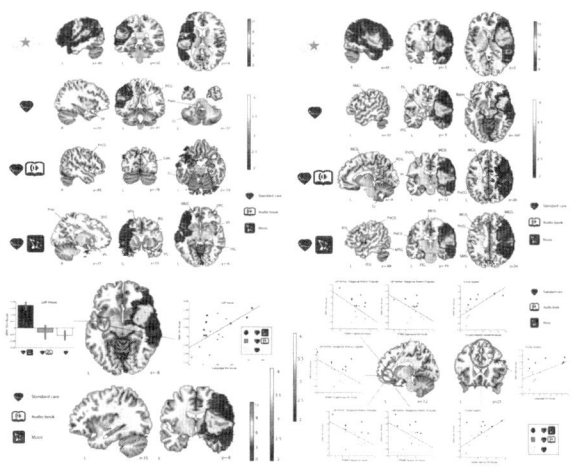

[그림17] 매일의 음악감상으로 인한 급성허혈성 중풍 환자 뇌의 구조적 변화

이다. 이러한 발견은 중풍 발생 이후 음악처치 효과의 타당한 신경해부적 관련성을 제공하고 있다. 일반적으로는 '치료사에 의한 재활'뿐만 아니라 풍성한 음악 환경이 사람 뇌 회복 구조개선에 긍정적인 영향을 준다는 잠재성을 제시한 증거라고 한다.

어릴 때 음악활동을 하는 집단과 그렇지 않은 집단 간의 뇌활동량을 비교하였다. 아래 그림은 9~11세의 기악훈련을 한 아동과 하지 않은 아동들이 리듬적, 멜로디적 변별과제 동안에 보여진 표준적 해부 대뇌에 통계적 모수 이미지를 겹쳐 놓은 것이다.

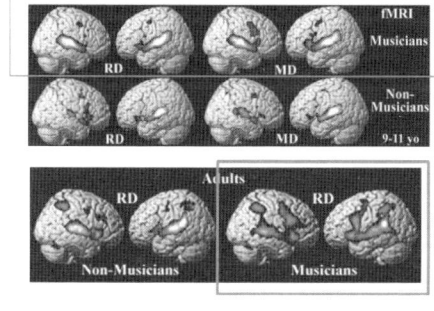

[그림 18] 9~11세의 기악훈련을 한 아동과 하지 않은 아동들이 리듬적 멜로디적 변별과제 동안에 보여진 표준적 해부인데 대뇌에 통계적 모수 이미지를 겹쳐 놓은 것이다. 기악훈련을 한 아동들의 뇌에서 더 많은 활동의 영역들이 활성화됨을 보여준다.

이처럼 음악의 영향력이 일시적이든 영속적이든 간에 이러한 내용은 음악과 치료의 인과관계 메커니즘을 설명한다는 점에서 중요하다.

4. 음악과 감정

1) 기대의 법칙

음악이 사람의 감정에 영향력을 행사하는 데에 대한 내용에 의의를 제기할 사람은 없을 것이다. 아마 살면서 한 번쯤은 음악으로 위로받은 기억들이 다들 있을 것이다. 그래서 음악의 성격을 구분해 보면 행진곡이나 에너지를 불러오는 음악이 있는 반면 서정적인 멜로디에 감정을 자극하는 음악도 있다.

우리 찬송가도 박에 맞춰 씩씩하게 불러야 할 곡들이 있으며 또 가사와 공감하면서 감정을 실어 불러야 하는 찬송이 있다. 흔히 표현적인 연주라고 할 때 다음의 원리들을 적용하는 것으로 이는 지휘자는 물론, 반주자와 대원들에게까지 유익한 내용이다.

음악이 감정을 불러일으키는 과정에 대한 대표적 이론 가운데 하나가 바로 레오나드 마이어(Leonard B. Meyer, 1956)의 기대이론(Expectation Theory)이다. 그는『Emotion and Meaning in Music』에서 음악의 감정은 "음 자체의 성질"에서가 아니라, 감상자가 음악의 진행을 예측하고 그 예측이 지연되거나 어긋나거나 충족될 때 생기는 인지적 긴장과 해소의 과정에서 발생한다고 설명했다. 이것을 흔히 '기대의 법칙'(law of expectation) 혹은 '예측성의 법칙'이라 부른다.

2) 표현적 시간의 의미

마이어의 이론에서 중요한 것은, 이러한 감정적 긴장이 시간의 흐름 속에서 만들어진다는 점이다. 음악은 시간 예술이며, '언제 음이 울리고 언제 멈추는가'가 감정의 강도와 방향을 결정한다. 따라서 연주자는 악보에 적힌 박자와 음의 길이를 메트로놈의 박처럼 기계적으로 재현하는 것만으로는 충분하지 않다. 그가 말하는 예술적 연주란 바로 이 '시간의 표현'을 통해 청자의 기대를 세밀하게 조절하는 행위이다.

이것을 '표현적 시간(Expressive Time)'이라 부른다. 표현적 시간은 단순히 템포를 빠르거나 느리게 조절하는 것이 아니라, 음과 음 사이의 미세한 긴장과 이완을 의도적으로 설계하는 기술이다.

이 표현적 시간은 다음과 같은 세 가지 차원으로 드러난다.

(1) 구조적 틀 속에서의 음의 지정, 길이, 비율의 변화

음악에는 기본 박자나 메트로놈 템포라는 구조적 틀(general framework)이 존재한다. 표현적 시간은 그 틀 안에서 음의 길이와 비율을 미세하게 조정하는 행위이다. 어떤 음은 악보보다 조금 길게, 어떤 음은 약간 짧게, 혹은 강조되어야 할 음에서 순간적으로 시간의 압축이나 팽창이 일어난다. 이것은 감정의 숨결과도 같다. 예를 들어, 베토벤의 느린 악장에서 한 음을 약간 더 머무르는 '시간의 여백'은 청자의 기대를 지연시켜 긴장과 몰입을 강화한다.

(2) 표현적 시간 위의 구조적 영향

표현적 시간은 곡의 전체 구조와 연결되어 있다. 한 마디, 한 악절, 한 악장의 큰 흐름 속에서의 시간 배치가 미세한 리듬 조정에 영향을 미친다. 즉, 4/4박자의 곡에서 첫 박에 때한 예상감을 갖는데 이때 첫 박을 조금 늦게 연주하거나 조금 빨리 연주하는 경우이다. 다만 갈등의 해결이 즐거운 감정을 유발시키기 위해서는 반드시 '정교한' 기대의 지연이어야 한다.

(3) 리타르단도(Ritardando)와 아첼레란도(Accelerando)의 실현

이 두 용어는 표현적 시간에서 가장 흔한 실천적 예다. 리타르단도는 '점차 느리게', 아첼레란도는 '점차 빠르게'라는 뜻이지만, 단순히 속도를 조절하는 것 이상으로 곡에서의 감정의 방향과 긴장을 처리하는 장치이다.

대개 리타르단도는 감정의 정점을 지나 안정으로 향할 때, 혹은 종결의 평화를 표현할 때 사용된다. 시간의 느려짐은 '완성'과 '안도'를 상징한다. 아첼레란도는 기대와 추진력, 혹은 절정을 향한 열망을 나타낸다. 점점 빠르게 진행되면서 청자의 예측 긴장을 쌓고, 그 해소 순간의 감정 폭발을 극대화한다.

이런 미세한 시간 조정은 메트로놈으로는 포착할 수 없는 '인간적 시간감'이다. 따라서 음악의 감정은 메트로놈의 박처럼 정확히 연주해내는 것이 아니라 음악의 흐름을 따라 적절히 타이밍을 조절함으로써 얻는 음악적 표현이다.

> ### 훈련 팁
>
> 찬송가 407장 〈구주와 함께 나 죽었으니〉는 3/4박자의 곡이다. 첫 소절의 "구주와"는 모두 4분음표로 이루어져 있다. 그런데 첫 음절 '구'를 약간 길게 부르면, 전체적인 시간 안에서 두 번째와 세 번째 음표가 자연히 조금 짧아진다. 이것이 바로 표현적 시간 속에서 구조적 틀(음의 길이와 비율)에 미묘한 변화를 주는 첫 번째 예이다. (다음 소절 "영광의"에서도 같은 원리가 적용된다.)
>
> '구주와 함께 나 죽었으니'라는 구절의 진행은 처음부터 긴장을 서서히 고조시키다가 '죽'에서 해소된다. 따라서 앞부분은 다소 빠른 듯한 흐름으로 이끌되, '죽'의 음에 약간 일찍 도달하여 소리를 낸 후, 편안한 디미누엔도(diminuendo)로 자연스럽게 마무리하는 것이 좋다.
>
> 반대로 후렴의 "영광의 그날에 이르도록"에서는 '이' 음절의 타이밍이 핵심이다. 정박보다 약간 늦게 첫 박의 소리를 내면, 예상감의 섬세한 지연(갈등)이 생기고, 그 해결의 순간에 기쁨과 해방감의 정서가 더욱 깊게 전달된다. 이것이 표현적 시간 위에 구조적 리듬이 영향을 미치는 두 번째 예라 할 수 있다.
>
> 세 번째 예는 가사와 선율의 흐름에 따라 곡 전체의 속도를 미세하게 조절하는 경우이다. 특히 "언제나 주만"의 '만'에는 페르마타(fermata)가 표시되어 있다. 이 부분을 지나치게 느리게 끌기보다는, 긴장감 속의 안정감으로 해결하며 업비트의 3박자를 자연스럽게 첫 소절로 연결하는 묘미를 살려야 한다..

PART II

성가대의 역사와 역할

1장
성가대의 역사

오늘날 교회 성가대의 기원은 단순히 다윗의 시대에서 시작되지 않는다. 그 뿌리는 훨씬 더 오래전, 하나님의 구원 역사가 처음으로 찬양이라는 형태로 표현되던 시점, 출애굽의 노래까지 거슬러 올라간다.

1. 구약에서의 성가대

이스라엘 역사에서 하나님께 드려진 첫 찬송은, 홍해를 건넌 직후 불린 모세와 미리암의 노래였다. 이 노래는 단순한 감정의 분출이 아니었다. 그것은 하나님의 구원을 경험한 백성이 자발적으로 터뜨린 신앙의 응답이었다.

> "내가 여호와를 찬송하리니 그는 높고 영화로우심이요, 말과 그 탄 자를 바다에 던지셨음이로다"(출 15:1)

이스라엘 백성은 이 노래를 통해 하나님의 구원 행위를 선포하고, 그분의 주권을 찬양했다. 그들의 노래는 어떤 종교적 의식에서 비롯된 것이 아니라, 하나님께서 행하신 구원 사건에 대한 공동체적 응답이었다.

그날 미리암은 손에 소고를 들고 여인들과 함께 춤추며 노래했다. 이 장면은 예배와 찬양이 처음으로 공동체의 형식 속에 나타난 순간이었다. 그들의 노래는 제사도, 설교도 아니었지만, 그 어떤 예배보다 순전하고 강렬한 하나님 중심의 찬양이었다.

이때부터 찬양은 이스라엘 신앙의 DNA가 되었다. 그들은 전쟁에서 승리할 때마다, 회개할 때마다, 감사할 때마다 노래했다. '노래'는 곧 신앙의 언어였고, 하나님께서 하신 일을 기억하고 세대에 전하는 구전 신앙의 통로였다.

사사시대의 드보라와 바락도 전쟁에서 승리한 후 이렇게 노래했다.

"이스라엘의 영도자들이 앞장서고, 백성이 자원하였으니
　여호와를 찬송하라"(사 5:2)

이 찬양은 하나님의 구원 행위가 이스라엘의 중심 사건임을 드러낸다. 찬양은 단순한 감정의 표현이 아니라, 하나님께서 이 땅에 행하신 일을 선포하는 행위였다. 따라서 성가대의 기원을 말할 때, 우리는 이미 이 시점에서 그 원형을 본다. 하나님께서 행하신 일을 찬양으로 선포하고, 그분의 이름을 높이는 공동체—그것이 훗날 성전 성가대의 출발점이 된 것이다.

1) 성가대의 제도적 시작

이스라엘이 왕국으로 발전하면서 예배 또한 제도화되었다. 다윗 왕은 성전을 세울 준비를 하며, 제사와 예배를 체계적으로 조직했다. 그는 하나님께서 주신 은혜를 가장 아름답게 표현할 수 있는 방법이 찬양이라 믿었다. 그래서 그는 예배의 한 축으로 '노래하는 자들'을 세웠다.

> "다윗이 레위 사람의 어른들에게 명령하여 그의 형제들을 노래하는 자들로 세우고 비파와 수금과 제금 등의 악기를 울려서 즐거운 소리를 크게 내라 하매"(역대상 15:16)

이 구절은 교회 성가대의 역사적인 첫 장면이라 할 수 있다. 다윗은 제사장들이 제단에서 희생 제사를 드릴 때, 그 옆에서 하나님을 찬양하는 전문 음악 사역자들을 세웠다. 그들의 노래는 제사의 장면을 음악으로 해석하는 신앙의 언어였으며, 하나님의 임재 앞에 백성의 마음을 모으는 예배의 울림이었다.

특히 다윗은 아삽, 헤만, 여두둔과 그 자손들을 음악 지도자로 세웠다(역대상 25장). 그들은 단순한 노래꾼이 아니라, 하나님의 말씀을 노래로 선포하는 레위인 선포자였다. 그들의 노래는 회중을 향한 것이 아니라, 하나님을 향한 것이었다. 그들은 하나님의 성호를 높이며, 백성에게 "여호와께 감사하라"는 부름을 던졌다.

그들의 가사는 오직 하나님께 집중되어 있었다. "주는 선하시며 그 인자하심이 영원하시도다"라는 시편적 고백은, 오늘날 성가대 찬양의 핵심이 되어야 할 하나님 중심의 가사 신학을 잘 보여준다. 이 시기의 찬양은 단순히 음악적인 행위가 아니라, 예배 자체의 본질적인 부분이었다. 노래는 제사의 도입부이자, 백성이 마음을 정결케 하는 준비였다. 다윗은 음악을 통해 예배의 형식을 넓히고, 하나님께 나아가는 모든 과정을 "소리의 제사"로 승화시켰다.

다윗이 만든 성가대의 핵심은 단순한 화려함이나 음악성이 아니었다. 그 중심에는 언제나 "무엇을 노래하느냐", 곧 가사가 있었다. 그들의 노래는 사람을 감동시키기 위해 쓰인 문학이 아니라, 하나님의 성품과 행하심을 공적으로 선포하는 신앙의 언어였다.

음악은 가사를 감싸는 옷과 같았다. 비파와 수금의 선율, 나팔과 제금의 울림은 모두 가사가 지닌 메시지를 더 멀리, 더 깊게 전달하기 위한 도구였다. 가사야말로 하나님께 올려드리는 찬양의 '핵심 메시지'였고, 그들의 음악은 그 메시지를 더 분명히 들리게 하는 하나의 통로였다. 이것이 오늘날 성가대가 반드시 되새겨야 할 부분이다.

노래는 감정의 표현이기 전에 진리의 선포여야 한다. 음악이 아무리 아름다워도, 그 속에 하나님의 말씀과 고백이 없다면 그것은 예배가 아니라 공연이 된다. 다윗의 성가대는 바로 그 점에서 오늘날 우리에게 교훈을 준다. "소리보다 중요한 것은, 그 소리가 무엇을 말하느냐이다."

레위인 성가대의 찬양은 예배의 한 장식이 아니라, 하나님과 인간의 관계를 회복시키는 언약적 행위였다. 그들은 제사와 더불어, 노래로 하나님의 임재를 선포했고, 그 찬양을 통해 백성은 하나님 앞에 나아갔다. 그들의 노래는 제사장들의 향기로운 제물과 함께 하나님께 올려지는 또 하나의 "음악의 제사"였다. 따라서 성가대의 사명은 단순히 아름다운 음악을 만드는 것이 아니라, 하나님께 향한 경배의 마음을 공동체 전체로 확장시키는 것이었다.

다윗 이전의 찬양이 '자발적인 감사의 노래'였다면, 다윗 이후의 찬양은 '조직화된 예배의 언어'가 되었다. 이 두 가지는 오늘날 교회 성가대가 함께 지녀야 할 두 축이다. 성가대는 미리암의 소고처럼 기쁨과 감사의 자유로움을 가지고, 동시에 다윗의 레위인들처럼 질서와 거룩함으로 섬겨야 한다. 그들의 노래가 하나님을 향한 고백이 될 때, 성가대는 단순한 음악 팀이 아니라 예배의 신학을 노래로 증언하는 공동체가 된다. 그리고 그 모든 찬양의 중심에는 가사, 곧 하나님을 향한 말씀의 고백이 있어야 한다. 가사는 음악의 장식이 아니라, 예배의 핵심이며, 하나님께 드리는 노래의 본질적 내용이다.

2) 회당 예배의 성가대

레위인 성가대의 찬양은 성전 예배의 중심에서 하나님께 올려진 제사의 노래였다. 그러나 예루살렘 성전이 파괴되고 이스라엘 백성이 포로로 흩어지면서, 성전에서 드리던 제사 중심의 예배는 더 이상 지속될 수 없었다. 그 자리를 대신한 것이 회당(synagogue) 예배였다. 이 시기부터 찬양은 단순한 음악적 행위가 아니라, 흩어진 공동체가 말씀을 기억하고 신앙을 지켜내기 위한 도구가 되었다.

바벨론 포로기 이후, 예루살렘 성전이 무너지고 제사가 중단되자, 이스라엘 백성은 각 지역마다 회당(히브리어로 베이트 크네세트, '모이는 집')을 세웠다. 회당은 제사를 드리는 장소가 아니라, 말씀을 낭독하고 해석하며, 하나님께 기도하고 찬송하는 장소였다. 그들의 예배는 성전 제사처럼 화려하지 않았지만, 오히려 '말씀 중심의 예배'로 전환되는 계기가 되었다.

성전에서 제사장과 레위인이 담당했던 찬양은 회당에서 백성 전체의 응답과 낭송의 형태로 변화하였다. 성전에서는 노래가 제사의 한 부분이었지만, 회당에서는 노래가 말씀과 기도의 언어가 되었다. 백성은 율법을 들으며 "아멘"으로 화답했고, 시편을 낭송하면서 하나님께 감사와 찬양을 올렸다. 이때부터 찬양은 제사의 부속물이 아니라, 예배 전체를 이루는 신앙의 표현 언어가 되었다.

회당 예배의 가장 두드러진 특징 중 하나는 번갈아 부르는 교창(antiphonal)이었다. 이는 두 그룹이 서로 번갈아 노래하거나 낭송하는 방식으로, 성경의 시편과 예언서를 낭송할 때 자주 사용되었다. 예를 들어 한쪽에서 "여호와께 감사하라" 하면, 다른 쪽이 "그 인자하심이 영원함이로다"로 응답하는 식이다. 이 교창 구조는 단순한 형식이 아니라, 예배에 참여한 모두가 하나의 고백으로 연결되는 영적 행위였다.

시편 136편은 이러한 교창 구조의 대표적인 예이다. 전반부에서 인도자가 하나님의 행하신 일을 선포하면, 회중이 후렴구로 "그 인자하심이 영원함이로다"를 반복한다. 이 리듬감 있는 교답은 신앙의 내용을 귀와 입으로 새기는 기억의 예배였다. 이러한 응창은 단순한 노래 방식이 아니라, 하나님과 백성 사이의 대화적 예배 구조를 상징했다.

하나님이 말씀하시고, 백성이 응답한다. 예배는 일방적 선포가 아니라, '대화의 장'이 되는 것이다. 이 구조는 훗날 기독교 예배에서도 그대로 이어져, 오늘날 우리가 사용하는 "인도자 – 회중 응답"의 원형이 되었다.

회당에서의 찬양은 누구도 구경꾼이 아니었다. 모든 백성이 시편을 함께 암송하거나 낭송했다. 이는 음악적 기술보다 말씀의 내면화를 중시한 전통이었다. 하나님의 말씀을 노래하고, 노래를 통해 말씀을 마음에 새겼다. 이런 이유로 유대인 가정에서는 어린 시절부터 시편을 외우고 노래하는 것이 신앙 교육의 핵심이 되었다. 음악은 단순히 예술의 영역이 아니라, 하나님 말씀을 기억하는 신앙 훈련의 수단이었다.

이 시기의 찬양은 형식보다 내용과 진정성이 중요했다. 가사는 여전히 시편의 말씀 그대로였고, 그 안에는 하나님의 성품, 구원의 역사, 언약의 약속이 담겨 있었다. 멜로디가 단조로워도, 그 노래는 회중의 가슴에 새겨진 신앙의 언어였다.

회당 예배에서는 악기 사용이 거의 금지되었다. 이유는 단순했다. 성전의 악기는 제사와 연결되어 있었기 때문이다. 성전이 무너진 상황에서 악기를 사용하는 것은 '성전 없는 제사'를 흉내 내는 것으로 여겨졌다. 그래서 회당의 찬양은 순수한 인간의 목소리로만 이루어졌다.

이것은 단순히 제도적 금지가 아니라, 하나님 앞에 선 인간의 본질적 경건을 회복하려는 신앙적 의지였다. 인간의 목소리, 곧 호흡으로 드려지는 찬양은 하나님의 생기(루아흐)가 다시 하나님께로 돌아가는 거룩한 행위로 여겨졌다. 그들은 "호흡이 있는 자마다 여호와를 찬양할지어다"(시 150:6)는 말씀을 가장 문자적으로 실천하고 있었던 것이다.

회당 예배에서 가사는 곧 예배의 본문이었다. 회당에서 노래된 시편의 한 줄 한 줄은 하나님의 말씀을 다시 낭송하고, 그분의 성품을 고백하는 신앙의 선언이었다. 가사가 신학이었고, 신학이 곧 예배였다.

이러한 전통은 오늘날 성가대의 찬양에도 그대로 이어져야 한다. 성가대의 노래가 예배 안에서 단순히 음악적 장식이 아니라, 하나님 말씀을 담은 노래가 되어야 하는 이유가 여기에 있다. 회당의 찬양은 사람의 감정을 자극하는 음악이 아니라, 하나님의 진리를 회중의 마음에 새기는 언어적 예배였다. 음악의 선율은 감정을 움직이지만, 가사만이 의미를 전달한다. 회당의 찬양은 바로 그 '의미의 전달'을 최우선 가치로 두었다. 노래는 말씀을 쉽게 외우게 하고, 마음에 새기게 하며, 세대를 넘어 신앙을 전하는 매개체였다.

2. 신약 교회로 이어진 회당 전통

예수님과 제자들도 회당에서 예배하셨다. 누가복음 4장에서 예수께서 안식일에 회당에 들어가 이사야서 말씀을 낭독하신 장면은, 그분이 바로 이 회당 예배의 말씀과 찬송의 전통을 따르고 계셨음을 보여준다.

초대교회의 예배 형식은 바로 이 회당의 틀을 계승했다. 시편 낭송, 교독, 응창, 그리고 말씀 선포와 기도— 이 모든 것이 훗날 기독교 예배의 기초가 되었다. 그 가운데 응답과 교창의 노래는 성가대의 역할이 단순히 노래하는 집단이 아니라, 회중과 함께 하나님께 응답하는 예배의 인도자임을 시사한다.

회당 시대의 찬양은 세 가지 중요한 유산을 남겼다. 첫째, 모든 회중이 참여하는 찬양의 공동체성. 둘째, 가사를 통한 말씀 중심 예배. 셋째, 경건과 절제의 음악 정신. 오늘날 교회의 성가대는 이 세

가지를 다시 붙잡아야 한다. 성가대의 노래가 회중을 대신하는 것이 아니라, 회중을 하나님과 연결하는 다리가 되어야 한다. 그리고 그 다리를 지탱하는 것은 언제나 아름다운 선율보다는 진리를 담은 가사였다.

회당에서 울려 퍼졌던 응답의 노래처럼, 오늘의 교회에서도 성가대의 노래는 "하나님이 누구신가"를 회중이 함께 고백하게 만드는 공동체적 신앙의 목소리가 되어야 한다. 이것이 바로 다윗의 성가대가 남긴 제사의 전통이 회당을 거쳐 오늘의 예배로 이어지는, 거룩한 찬양의 계보이다.

예루살렘 성전의 제사 노래와 회당의 낭송 예배가 이어지던 자리에 예수 그리스도의 교회가 태어났다. 초대교회의 찬양은 이 두 전통, 즉 성전의 거룩함과 회당의 말씀 중심성을 모두 품고 있었다. 그러나 그 중심에는 새 시대를 여는 결정적 변화가 있었다. 이제 찬양은 더 이상 성전의 제사나 율법의 낭송이 아니라, 그리스도의 구속 사건에 대한 감사와 고백의 노래로 자리 잡게 된 것이다.

1) 부활 이후의 새로운 찬양

예수께서 십자가에서 죽으시고 부활하신 후, 그분을 따르던 제자들은 더 이상 성전 제사에 참여하지 않았다. 그들의 예배는 그리스도의 이름으로 모이는 공동체 예배로 대체되었다. 예배의 중심은 제사가 아닌, 그리스도의 십자가와 부활을 기념하는 감사였다. 그리고 그 감사를 표현하는 가장 직접적 방식이 노래였다. 그리스도인은 찬양을 통해 "그리스도께서 주이시며, 구원이 오직 그분 안에 있다"는 신앙을 고백했다. 이러한 노래는 단순한 예배의 도입부가 아니라, 복음 자체를 선포하는 신앙의 행위였다. 그들의 찬양은 설교 이전의 설교였고, 말씀을 노래로 새기는 '가창 신학'이었다.

2) "시와 찬미와 신령한 노래"

사도 바울은 에베소서에서 이렇게 권면했다.

> "시와 찬송과 신령한 노래들로 서로 화답하며 너희의 마음으로 주께 노래하며 찬송하며"(엡 5:19)

이 짧은 구절은 초대교회 찬양의 구조를 명확히 보여준다. 그들은 회중끼리 서로 화답하며(antiphonal), 마음으로 주께 노래했다. 즉, 찬양은 단순히 사람을 향한 공연이 아니라, 하나님을 향한 내면의 예배이자 공동체의 교제 행위였다.

"시와 찬미와 신령한 노래"는 세 가지 차원을 포괄한다.

- **시**(Psalmos): 시편을 노래하며 화답하는 행위
- **찬미**(Hymnoi): 예수 그리스도의 인격과 사역을 찬양하는 신앙 고백 노래
- **신령한 노래**(Odai pneumatikai): 성령의 감동 속에서 자연스럽게 터져 나오는 자유로운 노래

이 세 가지가 함께 예배 안에서 사용되었으며, 그 중심에는 언제나 하나님을 직접 찬양하는 가사가 있었다. 초대교회의 노래는 감정의 발산이 아니라, 진리의 선포이자 복음의 고백이었다.

3) 악기가 없는 예배

초대교회의 찬양은 무반주 합창(a cappella)이었다. 그 이유는 단순히 기술이나 자원의 부족이 아니라, 신학적·영적 이유 때문이었다. 당시 그리스-로마 세계의 악기 음악은 대부분 세속적 향락이나 이교 제의와 연결되어 있었다. 플루트와 리라, 북과 심벌은 주로 신전 제사, 축제, 무도, 전쟁 행진 등에 쓰였다. 따라서 초대교회는 이교적 요소와 구별되기 위해 의도적으로 악기를 배제했다. 대신 사람의 목소리, 곧 하나님이 주신 호흡 자체로 하나님을 찬양했다.

그들은 인간의 목소리를 가장 순전한 악기로 여겼다. 목소리는 인간의 내면에서 나와 하나님께로 되돌아가는 영적 호흡이었다. 따라서 찬양은 단지 노래가 아니라, 하나님께 생명을 돌려드리는 거룩한 행위였다. 이것이 초대교회가 '아카펠라'로 예배드린 이유다. 이는 단순한 금지의 전통이 아니라, "하나님 앞에서 순전한 마음으로 드리는 예배"라는 신앙적 결단의 표현이었다.

4) 공동체의 소리, '하나의 목소리'

초대교회의 찬양은 솔로나 공연이 아니었다. 그들은 함께 모여 "한목소리로" 하나님을 찬양했다. 이 표현은 여러 고대 교부들의 글에서 반복된다. 이그나티우스(A.D. 35~107)는 "하나의 마음과 하나의 소리로 하나님을 찬양하라"고 말하며, 회중 전체가 '조화로운 합창'을 통해 그리스도의 몸 됨을 드러내야 한다고 강조했다.

노래는 단지 예배의 일부가 아니라, 공동체의 정체성을 드러내는 신학적 상징이었다. 서로 다른 음성이지만, 한 곡 안에서 조화를 이루는 것은 그리스도의 몸 안에서 다양한 지체들이 한 영으로 연합하는 것을 상징했다. 초대교회에서 합창은 단지 음악적 조화가 아니라, 영적 일치의 표징이었다.

5) 가사의 중심성 – 찬양은 복음의 선포였다

초대교회는 찬양의 가사를 결코 가볍게 여기지 않았다. 가사는 곧 복음의 요약이자 신학적 선언이었다. 그들은 설교하기 전, 먼저 노래로 복음을 선포했다. 당시 불려진 가장 오래된 찬미 중 하나는 'Philippians Hymn'이라 불리는 빌립보서 2:6-11의 내용이다. "그는 근본 하나님의 본체시나 하나님과 동등됨을 취할 것으로 여기지 아니하시고…"

이 찬송은 그리스도의 겸손과 십자가, 그리고 부활의 영광을 노래했다. 즉, 가사 자체가 신학이고, 신앙고백이었다. 이 노래를 부르는 것은 단순한 찬양이 아니라, 하나님께 드리는 고백과 선포의 행위였다. 이처럼 초대교회는 음악보다 가사를 중시했다. 멜로디는 가사를 돕기 위한 그릇에 불과했으며, 의미가 없는 선율은 예배의 도구가 될 수 없었다. 그들의 찬양은 '감동적인 음악'이 아니라 '진리를 노래하는 예배'였다.

6) 찬양과 윤리

초대교회의 교부들은 "찬양이 삶과 일치해야 한다"고 가르쳤다. 클레멘스 알렉산드리아는 이렇게 말했다. "우리는 단순히 노래하는 자가 아니라, 우리의 삶 전체가 하나님께 드려진 찬양이 되어야 한다." 그에게 있어 찬양은 노래가 아니라 삶의 태도였다.

찬양이 입술에서만 나오고 삶에서 드러나지 않는다면, 그것은 예배가 아니라 위선이었다.

따라서 초대교회의 성가대는 오늘날처럼 분리된 집단이 아니라, 모든 회중이 함께 부르는 '삶의 합창단'이었다. 그들의 찬양은 예배의 순간에만 울리는 노래가 아니라, 삶 전체로 이어지는 지속적 예배의 고백이었다.

7) 초대교회 찬양의 영적 정신

초대교회의 찬양은 겉으로 보면 단순했지만 그 안에는 깊은 영적 정신이 담겨 있었다.

- 순전함 – 악기 없이, 사람의 목소리로만
- 진리 중심성 – 가사가 신학적 메시지를 담음
- 공동체성 – 모두가 한소리로 하나님께 노래
- 삶의 예배성 – 찬양이 예배이자 생활의 연장

이 네 가지 정신은 오늘날 성가대가 회복해야 할 가장 본질적인 원칙들이다. 성가대는 무대 위의 가수가 아니라, 초대교회의 예배자들처럼 진리를 노래하고, 공동체를 하나로 묶는 신앙의 목소리여야 한다.

오늘날의 교회는 다양한 악기와 풍성한 음악적 자원을 사용한다. 그러나 초대교회가 보여준 단순하고 순전한 예배의 정신을 잃어서는 안 된다. 음악은 풍성해질 수 있으나, 가사는 언제나 하나님께 향한 고백이어야 한다.

초대교회의 찬양은 '소리의 예술'이 아니라 '진리의 선포'였다. 그들의 가사는 복음의 내용이었고, 그들의 노래는 설교 전의 설교였다. 그들은 회중의 감정을 자극하기보다, 그리스도의 구속 사건을 선포하며, 하나님께 영광을 돌리는 순전한 신앙의 노래를 불렀다.

오늘의 성가대 역시 그 전통 위에 서 있다. 화려한 사운드와 감정적 반응을 넘어, 하나님께 올려드리는 진리의 찬양을 회복할 때, 우리는 초대교회가 드렸던 그 깊은 예배의 영성을 다시 경험하게 될 것이다.

3. 중세 교회의 성가대와 그레고리안 성가의 형성

초대교회의 단순하고 순전한 찬양은, 시간이 지나며 점차 제도화된 교회의 구조 속으로 들어가게 되었다. 기독교가 로마 제국의 공인 종교가 되고, 교회가 세속 권력과 결합하면서, 예배 또한 공공의 의례이자 국가적 행사로 확대되었다. 찬양은 이제 가정과 골방에서의 신앙 고백이 아니라, 대성당의 웅장한 공간 안에서 드려지는 의례의 음악으로 자리 잡게 되었다.

1) 수도원 운동과 성가대의 제도화

4세기 이후, 교회는 급속히 제도화되었다. 그 과정에서 수도원은 예배와 찬양의 중심지로 떠올랐다. 도시의 교회가 세속화되는 것을 염려한 신앙인들이 세상과 구별된 삶을 살며 오직 기도와 찬양에 헌신했던 것이다.

그리스에는 높은 바위 위에 자리 잡은 수도원들이 많다. 밧줄을 통해 음식물을 공급받으며 세상과 단절한 채 살아가는 수도사들이다.

수도사들은 하루를 일정한 시간 단위로 나누어 '성무일과'라는 기도 예배를 드렸다. 이 예배는 하루 여덟 번에 걸쳐 시편과 찬송을 낭송하고, 성경 본문을 묵상하며, 하나님을 찬양하는 일과였다. 이때 사용된 노래가 바로 그레고리안 성가의 뿌리가 되었다. 시편의 본문을 노래로 암송하는 형식이 발전하면서, 수도원 성가대가 탄생했다.

2) 그레고리안 성가의 형성과 특징

그레고리안 성가는 교황 그레고리우스 1세(Gregory the Great, 재위 590-604)의 이름을 따서 붙여졌다. 그가 실제로 모든 성가를 작곡한 것은 아니지만, 당시 흩어져 있던 여러 지역의 성가 전통을 정리하고 통합한 공로로 그의 이름이 붙었다.

그레고리안 성가의 가장 큰 특징은 다음과 같다.
- 단선율 – 하나의 선율로만 구성되어, 화음이 없다.
- 무박자성 – 일정한 박자가 없으며, 말의 리듬에 따라 자연스럽게 흐른다.
- 라틴어 가사 – 모든 가사는 성경 본문(주로 시편)을 기반으로 한 라틴어였다.
- 무반주 – 오르간 등 악기 없이, 사람의 목소리로만 불렸다.
- 기도적 성격 – 노래는 감정의 표현이 아니라 기도의 연장선이었다.

그레고리안 성가는 예배의 음악이자 말씀의 음악화였다. 선율은 단순하지만, 그 단조로움 속에 깊은 경건과 고요한 긴장이 있었다. 음악은 감정의 폭발이 아니라, 하나님 앞에 머무는 내면의 침묵을 표현했다.

3) '노래하는 말씀'에서 '듣는 음악'으로

초기의 수도원 찬양은 시편을 낭송하듯 노래하며 하나님의 말씀을 입으로 암송하는 영적 훈련의 도구였다. 그러나 중세 후반으로 갈수록 음악은 점차 복잡해지고 예술화되었다. 11세기 무렵, 수도원과 성당의 음악가들은 두 개의 선율을 동시에 부르는 다성음악(polyphony)을 시도하기 시작했다. 이는 서양 음악사에서 중요한 발전이었지만, 예배의 본질에서는 미묘한 긴장을 만들어냈다. 음악이 아름다워질수록 가사의 명료성은 희미해졌고, 회중은 점점 찬양의 참여자에서 청중으로 물러났다.

예배는 공동체의 고백이 아니라, 성가대의 공연처럼 되어갔다. 물론 그레고리안 성가의 순전함은 여전히 유지되었으나, 점차 성가대는 '전문 음악 집단'으로 분리되기 시작했다. 회중의 목소리는 사라지고, 성가대의 목소리만 성전 안에 울려 퍼졌다.

4) 가사의 신학적 의미

그레고리안 성가에서 가사는 여전히 음악의 중심이었다. 그들의 모든 노래는 성경 본문에서 출발했다. 특히 시편은 수도사들의 일상 언어이자 음악 교재였다. 그들은 하루에도 수십 편의 시편을 노래하며 말씀을 되새겼다. 성가의 가사는 단순했다. 그러나 그 단순함은 하나님께 집중하기 위한 절제의 미학이었다.

가사는 청중의 감정을 자극하기보다, 그들의 영혼이 말씀 속으로 들어가게 하는 기도의 언어였다. 수도원 성가대의 찬양은 단지 아름다운 음악이 아니라, "말씀이 노래가 되고, 노래가 기도가 되는" 예배의 행위였다. 그들은 소리보다 의미를 중시했고, 리듬보다 진리를 노래했다.

그러나 교회가 커지고 음악이 발전할수록, 회중은 점점 예배의 중심에서 멀어졌다. 라틴어는 일반 신자들에게 이해되지 않는 언어였고, 성가대의 노래는 신비롭지만 낯선 소리로 들렸다. 예배당 안에는 웅장한 울림이 가득했지만, 그 속에서 회중은 더 이상 함께 노래하지 않았다. 성가대의 노래는 하나님께 올려졌지만, 동시에 회중과의 의사소통의 단절을 낳았다. 이는 중세 교회의 예배가 직면한 중요한 긴장이었다.

하나님께 향한 경건과 아름다움이 커질수록, 백성의 언어와 참여는 줄어들었다. 이 시기에 성가대는 탁월한 음악 집단이 되었지만, 예배 공동체의 소리를 대변하는 '회중의 성가대'라는 본래의 정체성은 희미해졌다.

비록 중세의 예배가 회중 중심에서 멀어졌다고 해도, 그레고리안 성가가 남긴 영적 유산은 결코 작지 않다. 첫째는 경건의 깊이다. 그레고리안 성가는 단순함 속의 깊이를 보여준다. 화려한 장식 없이도 하나님께 집중할 수 있는 내면의 고요함이 그 안에 있었다. 둘째는 가사의 신학성이다. 모든 가사는 성경에 근거했으며, 음악은 말씀을 감싸는 겸손한 옷에 불과했다. 이 전통은 훗날 종교개혁자들이 "말씀 중심 예배"를 회복할 때 귀한 모범이 되었다. 셋째, 음악의 절제다. 그레고리안 성가의 단조로운 선율은 '하나님 앞에서의 침묵'과 '자기 절제'의 신앙을 가르쳐 주었다. 그들의 노래는 화려하지 않았지만, 거룩한 절제 속에서 오히려 깊은 감동을 남겼다.

5) 오늘날 교회 성가대를 위한 교훈

중세의 성가대는 교회음악의 예술성을 최고조로 발전시켰지만, 그 과정에서 예배의 참여성과 말씀의 명료성을 잃었다. 이 사실은 오늘날의 교회에도 중요한 경고를 준다. 성가대의 노래가 아무리 아름다워도, 그 노래의 가사가 회중의 언어로 들리지 않는다면 그것은 예배가 아니라 공연이 될 위험이 있다.

음악의 완성도는 높을수록 좋지만, 예배의 본질은 하나님을 향한 고백과 회중의 참여에 있다. 가사가 들리지 않는 찬양은 복음이 들리지 않는 예배와 같다. 따라서 오늘의 성가대는 그레고리안 성가가 보여준 경건과 절제를 배우되, 그 시대가 잃어버린 '회중의 목소리'와 '가사의 명료함'을 반드시 회복해야 한다. 노래는 소리의 예술이 아니라, 의미의 예술이다.

음악이 아무리 훌륭해도, 그 가사가 하나님께 향하지 않는다면, 그 노래는 더 이상 예배가 아니다. 그레고리안 성가의 유산은 오늘날 성가대에게 이렇게 말한다. "아름답게 노래하라. 그러나 무엇보다, 의미 있게 노래하라." 찬양은 감정의 폭발이 아니라, 하나님께 드려지는 진리의 언어이며, 예배의 고백이다.

4. 종교개혁과 회중 찬양의 회복

중세의 대성당에서 울려 퍼지던 성가대의 찬양은 장엄하고 경건했지만, 그 노래는 더 이상 백성의 언어가 아니었다. 라틴어로 된 가사는 대부분의 회중이 이해할 수 없었고, 예배는 교회 안의 성직자와 음악가들만의 영역이 되어 있었다. 신앙은 '듣는 것'이 아니라 '보는 것'으로 변했고, 찬양은 회중의 고백이 아니라 '성가대의 연주'가 되었다.

이런 상황 속에서 종교개혁자들은 "교회가 말씀으로 새로워져야 한다"고 외쳤다. 그리고 그 말씀의 회복은 노래의 회복으로 이어졌다. 왜냐하면, 그들은 찬양을 단순한 음악이 아니라 복음을 선포하는 또 하나의 설교로 이해했기 때문이다.

1) 루터

루터는 탁월한 신학자이자 음악가였다. 그에게 음악은 신학의 곁가지가 아니라, "하나님이 인간에게 주신 최고의 선물 중 하나"였다. 그는 "음악은 말씀 다음으로 위대한 것이다"라고 말하며, 음악이 사람의 마음을 하나님께로 이끌 수 있는 놀라운 능력을 인정했다.

그러나 루터가 강조한 것은 단순히 음악의 힘이 아니었다. 그는 중세의 예배가 하나님과 백성 사이를 가로막았다고 보았다. 성가대가 노래하고, 사제가 미사를 집례하는 동안, 회중은 조용히 앉아 듣기만 하는 '관객'이 되어 있었다. 루터는 그 구조를 완전히 뒤집었다.

그는 "모든 신자가 제사장이다"(벧전 2:9)라는 성경의 원리를 예배에 적용했다. 하나님께 드려지는 찬양은 일부 성직자의 몫이 아니라, 온 회중이 함께 부르는 공동 고백이어야 한다고 선언했다. 그에게 찬양은 단순한 예술이 아니라, 하나님 앞에 선 모든 신자의 신앙 행위였다.

2) 회중 찬양의 혁명

루터는 예배를 회중에게 되돌려 주기 위해 독일어 코랄(German Chorale)을 만들었다. 코랄은 '모든 성도가 함께 부르는 노래'라는 뜻이었다. 그는 시편이나 라틴어 성가를 독일어로 번역하고, 회중이 쉽게 따라 부를 수 있도록 단순한 선율을 붙였다. 가장 유명한 코랄이 바로 〈내 주는 강한 성이요〉다. 이 노래는 루터의 신학이 그대로 담긴 찬송이다. "우리의 싸움은 혈과 육에 있지 않으며, 주께서 친히 승리하신다."

이 가사는 단순한 시가 아니라, 교리적 신앙고백(confessional theology)이었다. 루터는 노래를 통해 백성들이 교리를 배우게 했다. 책을 읽지 못하던 시대에, 사람들은 노래로 복음을 외우고, 노래로 신앙을 전수받았다. 그의 말처럼, "찬송은 말씀을 입에 담는 가장 좋은 방법이며, 복음이 노래가 될 때 신앙은 더욱 견고해진다." 코랄은 예배의 언어였고, 신학의 교재였으며, 교회의 영성을 세운 '노래하는 교리문답'이었다.

3) 루터의 음악신학

루터는 음악을 결코 독립적인 예술로 보지 않았다. 그는 음악이 하나님의 말씀을 섬기는 '시녀'라고 말했다. 음악의 목적은 감동이나 미적 즐거움이 아니라, 말씀을 더 분명히 전달하고, 그 의미를 회중의 마음에 새기는 것이었다.

그의 눈에 중세의 성가는 너무나 아름다웠지만, 가사가 들리지 않는 찬양은 신앙의 본질을 잃은 것이었다. 그래서 루터는 가사를 강조했다. 음악은 가사를 위해 존재하며, 가사가 말씀을 전할 때 비로소 음악은 예배가 된다고 보았다.

그는 이렇게 말했다. "하나님은 복음을 말씀으로만이 아니라, 음악을 통해서도 우리에게 들려주신다." 이것이 루터 음악신학의 핵심이다. 음악은 복음을 전하는 또 하나의 언어이며, 성가대의 노래는 설교와 같은 기능을 해야 한다는 것이다.

4) 칼뱅

한편, 스위스 제네바의 장 칼뱅은 루터보다 더 엄격한 음악관을 가지고 있었다. 그는 예배의 중심은 말씀 선포에 있다고 보았으며, 음악은 그 말씀을 돕는 단순한 도구여야 한다고 생각했다. 칼뱅은 루터처럼 음악의 힘을 부정하지 않았다. 오히려 그는 음악의 감정적 힘을 존중했기에, 그 힘이 잘못 사용될 위험을 경계했다. 그는 이렇게 말했다. "음악은 사람의 마음을 강하게 움직이는 능력을 가지고 있다. 그러나 그 힘은 경건을 일으킬 때에만 거룩하다." 그는 화려한 다성음악이나 지나친 감정 표현이 사람을 하나님이 아니라 음악 자체에 매이게 할 수 있다고 보았다. 그래서 그는 예배에서 단선율과 회중의 참여를 강조했다.

칼뱅은 시편을 중심으로 한 찬송집, 즉 제네바 시편가를 편찬했다. 이 시편가의 목적은 단 하나였다. "하나님의 말씀을 회중의 입술로 노래하게 하라." 가사는 모두 시편 본문 그대로였고, 선율은 단순하고 명료했다. 화려한 장식은 없었지만, 그 단순함 속에서 회중 전체가 한마음으로 하나님을 찬양할 수 있었다.

5) 루터와 칼뱅의 공통된 신학

루터는 음악의 풍성함 속에서 복음을 노래하게 했고, 칼뱅은 단순함 속에서 말씀을 지켜냈다. 표현 방식은 달랐지만, 두 사람의 음악신학은 한 가지 점에서 완전히 일치했다. "찬양의 가사는 복음이어야 한다."

그들에게 가사는 단순한 노래의 일부가 아니라, 하나님 말씀의 연장이자 설교의 언어였다. 음악이 아무리 아름다워도, 그 가사가 복음을 선포하지 않으면 그것은 예배가 아니라 오락에 불과했다. 루터는 회중의 언어로 복음을 노래하게 했고, 칼빈은 말씀의 언어로 복음을 지켜냈다.

이 두 흐름은 이후 교회음악의 두 줄기로 발전한다. 하나는 예술성과 참여를 함께 추구하는 루터 전통, 다른 하나는 단순함과 말씀 중심성을 강조한 개혁교회 전통이다.

6) 성가대의 역할 변화

종교개혁 이후, 성가대의 위치는 근본적으로 바뀌었다. 중세에서는 성가대가 예배를 "대표"했지만, 이제는 회중을 돕는 인도자가 되었다. 성가대는 회중을 대신해 노래하는 것이 아니라, 회중이 하나님께 노래하도록 이끌고 가르치는 역할을 맡았다.

그들은 복잡한 음악을 연주하는 전문가가 아니라, 하나님의 말씀을 노래로 해석하는 복음의 전달자였다. 루터는 교회 안에 학교 합창단을 세워, 어린이들이 예배 음악을 배우게 했고, 이를 통해 교회와 가정이 함께 노래하는 신앙 문화를 만들었다. 성가대는 이제 더 이상 무대 위의 전문인이 아니라, 교회를 섬기는 음악의 목회자로 자리 잡았다.

종교개혁은 음악의 본질을 다시 예배로 돌려놓았다. 그들은 이렇게 물었다. "음악은 하나님을 영화롭게 하는가, 아니면 사람을 즐겁게 하는가?" 이 질문은 오늘날 성가대에게도 여전히 유효하다. 찬양이 감동적일수록 더 큰 주의가 필요하다. 왜냐하면 감정의 감동은 쉽게 예배의 중심을 자신에게로 옮기기 때문이다. 따라서 오늘의 성가대는 종교개혁자들이 세운 세 가지 원칙을 다시 붙잡아야 한다.

- 가사는 복음이어야 한다 – 음악의 목적은 복음을 선포하고, 하나님을 높이는 것이다.
- 회중이 예배의 주체다 – 성가대는 예배의 인도자이지, 공연자가 아니다.
- 음악은 말씀을 섬겨야 한다 – 음악은 진리를 감싸는 옷, 감동은 진리의 전달 수단이다.

루터와 칼뱅이 일으킨 찬양의 개혁은 "교회가 무엇을 노래하느냐"의 문제였다. 그들은 가사 없는 음악, 복음 없는 찬양을 단호히 거부했다. 그들의 외침은 오늘날에도 여전히 살아 있다. "하나님은 아름다운 소리를 원하시는 것이 아니라, 진리로 드리는 노래를 원하신다." 성가대가 이 고백 위에 설 때, 그들의 노래는 단순한 음악이 아니라, 하나님께 드려지는 살아 있는 복음의 선포가 된다.

5. 근대와 현대 교회의 성가대

종교개혁이 교회의 찬양을 회중에게 되돌려 주었다면, 근대 교회는 그 회복된 찬양을 예술의 언어로 심화시킨 시대였다. 음악은 다시 풍성해졌고, 예배는 더 다채로워졌다. 그러나 동시에, 음악이 다시 사람의 감정을 압도하기 시작하면서 "예배의 중심은 어디에 있는가?"라는 질문이 새로운 세대의 성가대에게 던져졌다.

1) 바흐

18세기의 요한 세바스찬 바흐(1685–1750)는 루터의 음악신학을 예술의 절정으로 끌어올린 인물이었다. 그에게 음악은 단지 감동을 주는 예술이 아니라, 하나님의 말씀을 소리로 해석하는 신학이었다.

바흐는 자신이 작곡한 모든 악보의 맨 위에 이렇게 적었다. "S.D.G." — Soli Deo Gloria, "오직 하나님께 영광을." 그에게 음악은 하나님의 말씀을 설명하고, 그리스도의 구속 사건을 노래하는 "성음악적 설교"였다. 그의 교회 칸타타들은 주일 예배 본문에 맞추어 작곡되었고, 그 안에는 설교의 신학적 내용을 노래로 풀어내는 성가대의 설교가 담겨 있었다. 그의 음악은 복잡했지만, 그 복잡함 속에 철저한 질서와 말씀의 중심이 있었다.

바흐는 예술의 탁월함과 신앙의 경건함이 공존할 수 있음을 보여주었다. 그의 성가대는 단순한 음악집단이 아니라, 말씀을 노래하는 "소리의 강단"이었다.

2) 웨슬리

18세기 영국에서 일어난 감리교 부흥운동은 교회 찬양의 방향을 다시 한번 바꾸었다. 그 중심에는 존 웨슬리와 그의 동생 찰스 웨슬리가 있었다. 찰스 웨슬리는 생애 동안 6,000여 편의 찬송시를 지었다. 그의 가사는 신학적이면서도 따뜻했고, 복음을 단순하고 아름답게 표현했다.

"내 주 되신 주를 참 사랑하고," "주 예수보다 더 귀한 것은 없네,"

이러한 노래들은 말씀과 감정, 교리와 체험을 절묘하게 결합시켰다. 그들의 찬송 운동은 교리적 진리를 회중의 언어로 가르치는 일이었으며, 또한 회심과 헌신의 불꽃을 일으키는 예배 운동이었다. 웨슬리 형제는 이렇게 말했다. "찬송은 사람의 영혼을 움직이는 설교다. 노래하는 자는 두 번 설교한다."

그들에게 찬양의 핵심은 가사에 담긴 복음의 내용이었다. 음악은 단지 그 내용을 전달하는 통로일 뿐, 그 자체가 목적이 될 수는 없었다. 웨슬리의 찬송가운동은 이후 전 세계 개신교 교회로 퍼져나가 오늘날 우리가 부르는 수많은 찬송가의 뿌리가 되었다.

3) 대각성 운동과 복음성가

19세기에 들어서면서, 유럽과 미국을 중심으로 일어난 대각성 운동은 예배와 찬양의 성격을 크게 변화시켰다. 부흥회와 야외집회에서는 복잡한 코랄이나 라틴어 성가 대신, 간결하고 따라 부르기 쉬운 복음성가가 불렸다. 가사는 짧고 직접적이었다. "예수 나를 위하여 십자가를 졌으니," "주의 음성을 내가 들으니 사랑한단 말일세." 이 노래들은 복음을 단순하고 명료하게 전달했으며, 회중의 마음을 즉각적으로 움직였다. 복음성가는 감정의 언어를 통해 복음을 전했다. 이는 이전 시대의 교리 중심 찬양과 달리, 회개와 결단, 개인적 헌신을 강조했다.

성가대는 이런 집회에서 회중을 인도하는 복음의 전도자로 섬겼다. 그들의 노래는 설교를 돕는 도구였고, 사람들의 마음을 하나님께로 이끄는 통로였다. 그러나 한편으로는 음악이 감정의 고조를 지나치게 자극하며 "감정이 곧 신앙이다"라는 오해를 낳기도 했다. 이 같은 긴장은 오늘날까지도 교회음악이 안고 있는 숙제다.

4) 20세기

20세기 들어, 교회음악은 폭발적으로 다양해졌다. 전통적인 찬송가와 성가대 중심의 예배가 여전히 존재하는 가운데, 복음송, 현대 찬양, 워십 밴드가 등장했다. 특히 1960~70년대, 미국의 예수 운동(Jesus Movement)은 젊은 세대의 음악문화를 예배 안으로 끌어들였다. 기타, 드럼, 베이스가 교회 안으로 들어왔고, "경배와 찬양"이라는 새로운 형식이 자리 잡았다. 이 운동의 중심에는 마라나타 뮤직, 빈야드, 패션 워십 등과 같은 사역들이 있었다.

그들은 회중이 단순히 듣는 예배가 아니라, 직접 하나님을 노래하는 참여 예배를 추구했다. 그러나 변화의 흐름 속에서도 성가대의 자리는 여전히 남아 있었다. 많은 교회가 전통적 성가대와 현대 찬양팀을 서로 다른 역할로 공존시켰다. 성가대는 말씀 중심의 찬송과 절기 음악을 담당하고, 워십팀은 회중의 참여를 이끌며 자유로운 찬양을 인도했다.

5) 현대 성가대의 과제

현대 교회음악의 다양성은 분명한 축복이지만, 그만큼 새로운 도전도 안겨 주었다. 특히 가사의 신학적 빈곤은 오늘날 많은 교회가 직면한 심각한 문제다. 감성적 언어로만 채워진 노래, "주님 사랑해요", "느껴요, 감동이에요" 같은 반복적인 가사는 회중의 감정은 자극하지만, 하나님이 어떤 분이신지에 대한 신학적 진술은 사라지게 한다.

예배의 본질은 감정이 아니라 진리의 고백이다. 음악은 감정을 움직일 수 있지만, 오직 가사만이 진리를 전달할 수 있다. 성가대의 찬양은 회중의 마음을 높이는 동시에, 그들의 신앙을 바로 세워야 한다. 따라서 현대의 성가대는 단지 웅장한 합창단이 아니라, 진리를 노래하는 말씀의 교사로 서야 한다. 그들의 노래는 말씀을 해설하고, 복음을 노래하며, 회중이 감정이 아닌 진리로 예배하도록 이끌어야 한다.

6) 예배의 다양성, 그러나 중심은 하나

오늘날 세계의 교회는 각기 다른 음악 전통을 가지고 있다. 유럽의 고전 성가, 미국의 가스펠, 아프리카의 리듬, 한국과 아시아 교회의 찬송가와 현대 워십까지— 그 형태는 다르지만 중심은 하나다. "하나님을 영화롭게 하고, 복음을 선포하며, 회중을 하나님께로 이끄는 것." 음악은 다양해질 수 있지만, 예배의 중심은 언제나 하나님이어야 한다. 성가대의 사명은 그 다양성 속에서도 예배의 방향을 하나님께 고정시키는 나침반이 되는 것이다.

7) 성가대의 정체성 회복

오늘의 성가대는 다음 세 가지 정체성을 회복해야 한다.
- 해석자 – 말씀을 소리로 해석하고, 설교를 돕는 영적 안내자.
- 교사 – 가사를 통해 신학과 복음을 가르치는 교회의 교사.
- 예배자 – 무대의 연주자가 아니라, 하나님 앞에 선 예배자.

성가대가 이 세 가지 정체성을 지킬 때, 그들의 찬양은 단순한 음악이 아니라 복음의 증언이 된다.

8) 오늘날 교회 성가대를 위한 교훈

근대와 현대의 성가대는 수많은 변화를 거쳤다. 악기와 형식은 달라졌지만, 본질은 여전히 변하지 않는다.

- 찬양의 목적은 하나님을 영화롭게 하는 것이다.
- 찬양의 내용은 복음이다.
- 찬양의 중심은 말씀이다.

음악이 화려할수록, 성가대는 더욱 겸손해야 하고, 감정이 뜨거울수록, 그 가사는 더욱 신학적이어야 한다. 성가대의 노래는 예배의 도입부가 아니라, 복음의 선포이다. 그들의 노래가 말씀의 진리를 품을 때, 회중은 감정이 아닌 진리의 감격으로 하나님을 예배하게 된다.

바흐의 시대가 음악으로 말씀을 설교했다면, 오늘의 성가대는 음악으로 말씀을 다시 회복해야 한다. 그리고 그 모든 찬양의 시작과 끝은 여전히 이 한 문장으로 귀결된다. "찬양은 감동의 예술이 아니라, 하나님을 향한 진리의 고백이다."

2장
성가대의 사명과 예배에서의 역할

"찬양은 설교 이전의 설교다."라는 말에서처럼 예배는 단순한 프로그램이 아니다. 그것은 하나님과 그 백성이 서로 만나는 거룩한 사건이다. 이 사건의 중심에는 말씀과 찬양, 기도와 응답이 서로 엮여 있다. 그 가운데서 성가대는 '소리로 말씀을 전하는 공동체', 즉 설교 이전의 설교자로 서 있다.

많은 교회에서 성가대는 예배 순서 중의 하나로 인식된다. "특송" 혹은 "찬양대 찬양"이라는 항목이 설교 앞이나 헌금 시간 사이에 배치되어 있다. 그러나 성가대의 역할은 단순한 순서의 일부가 아니다. 그들의 노래는 예배 전체를 준비시키고, 말씀을 향해 회중의 마음을 열어주는 신학적 다리이다.

예배의 흐름은 종종 이렇게 진행된다.

- 부름(Call to Worship) – 하나님이 우리를 부르신다.
- 응답(Response) – 우리는 찬양으로 그 부름에 응답한다.
- 말씀(Word) – 하나님이 말씀하신다.
- 응답과 헌신(Commitment) – 회중이 다시 행동으로 응답한다.

성가대의 찬양은 언제나 두 방향을 동시에 가진다. 첫째는 수직적 기능으로써 하나님의 영광을 찬양. 둘째는 수평적 기능으로써 회중에게 전하는 고백과 권면이다. 이 두 방향은 서로 충돌하지 않는다. 오히려 찬양이 하나님께 진실할수록, 그 고백은 회중의 영혼을 울린다. 성가대는 하나님을 향한 경배의 목소리이면서, 동시에 회중에게 복음을 들려주는 선교적 목소리이다.

그들의 노래는 하나님께 드려지고, 그 노래를 들은 회중은 말씀에 응답하게 된다. 따라서 성가대의 사명은 단순히 "아름답게 부르는 것"이 아니라, 하나님의 영광을 드러내고, 회중을 말씀으로 이끄는 것이다. 따라서 성가대 찬양의 중심은 언제나 가사에 있다. 가사는 하나님이 어떤 분이신지를 말하고, 그분의 행하심을 기억하게 하며, 회중의 신앙을 교정한다.

음악이 감정을 움직인다면, 가사는 영혼을 가르친다. 성가대가 노래하는 순간, 그들의 입술은 교회의 강단과 같은 역할을 한다. 따라서 그들이 부르는 가사는 교리적 오류가 없어야 하며, 복음을 정확히 선포해야 한다. 가사가 모호하거나, 사람의 감정만 자극하는 노래는 예배의 중심을 흐리고 회중의 신앙을 약화시킨다. 반대로, 하나님을 직접 찬양하고, 말씀의 진리를 담은 가사는 예배를 복음의 깊이로 이끈다. 그 순간, 성가대의 노래는 단순한 음악이 아니라 말씀의 확장된 형태가 된다.

성가대의 노래는 '공연'이 아니다. 그들의 목적은 회중의 박수나 감탄이 아니라, 하나님께 올려드리는 예배의 제사이다. 그러나 그 찬양은 동시에 교회를 세우는 섬김의 행위이기도 하다. 성가대는 예배 의식을 돕고, 회중의 노래를 인도하며, 복음의 메시지를 음악으로 해설한다. 그들은 말씀의 교사이자, 예배의 안내자이며, 성령께서 회중 안에서 일하시도록 길을 여는 사람들이다. 성가대가 예배의 중심을 떠받칠 때, 예배 전체는 더욱 깊고, 말씀은 더욱 생생하게 회중에게 다가간다.

그래서 성가대는 결코 개인의 무대가 아니다. 그들의 노래는 한 사람의 독창이 아니라, 공동체 전체의 신앙을 대표하는 고백이다. 성가대는 교회의 신앙을 노래하고, 그들의 화음은 교회의 일치를 상징한다. 서로 다른 음색과 파트가 하나의 화음을 이룰 때, 그 안에 교회의 본질이 드러난다. "우리가 한 몸이요, 한 영 안에서 하나님께 찬양을 드리노라."(엡 4: 4-6 참조.) 이것이 성가대의 찬양이 가지는 공동체적 의미다. 그들의 노래는 개인의 예술이 아니라, 공동체의 신앙, 교회의 하나 됨을 보여주는 보이는 복음이다.

이제 우리는 스스로에게 물어야 한다. 우리의 성가대는 단지 소리를 내는가, 아니면 말씀을 전하는가? 회중은 그 노래를 듣고 감동하는가, 아니면 하나님께 마음이 향하는가? 성가대의 존재 이유는 사람을 감동시키는 데 있지 않다. 그들의 사명은 오직 하나, 하나님을 영화롭게 하고, 교회를 말씀으로 세우는 것이다.

1. 예배의 구조 속에서 성가대의 위치

예배는 하나님이 시작하신다. 예배는 인간이 "하나님께 무엇을 드리는 행사"가 아니라, 먼저 하나님이 자신의 백성을 부르시는 사건이다. 그 부름(Call to Worship)에 응답하여 인간은 찬양과 고백으로 응답(Response)한다. 성가대의 노래는 바로 그 부름과 응답 사이에 놓여 있는, 하나님과 백성의 만남을 소리로 매개하는 신학적 순간이다.

1) 예배의 흐름 속에서 성가대의 자리는 '응답의 자리'

모든 예배에는 보이지 않는 구조가 있다. 그 구조의 첫 장면은 하나님이 "오라"고 부르시는 부름(Call)이고, 그 다음 장면은 백성이 "주여, 우리가 왔나이다"라고 고백하는 응답(Response)이다. 성가대의 찬양은 이 응답의 첫 울림이다.

그들의 노래는 단지 '예배를 여는 음악'이 아니라, 하나님의 부르심에 대한 공동체적 응답의 표현이다. 하나님이 "내 백성아, 나를 찬양하라" 말씀하실 때, 성가대는 회중을 대신하여 이렇게 노래한다. "여호와는 위대하시니 크게 찬양할지어다." 이 노래는 회중의 마음을 한 방향으로 모으고, 하나님의 임재 안으로 들어가도록 예배의 문을 여는 소리가 된다.

2) 부름과 응답의 신학적 의미

예배는 하나님이 말씀하시고, 인간이 응답하는 대화의 구조를 가진다. 성가대의 찬양은 그 대화의 첫 대답이다. 이때 노래는 단순히 분위기를 만드는 음악이 아니라, 하나님의 부름에 대한 신앙적 언어가 된다. 예를 들어 시편 95편은 이렇게 말한다. "오라, 우리가 여호와께 노래하자. 우리의 구원의 반석을 향하여 즐거이 부르자." 이 구절에서 "오라"는 하나님의 초대이며, "노래하자"는 백성의 응답이다. 성가대의 찬양은 이 '오라'와 '노래하자' 사이의 다리 역할을 한다. 그들은 하나님이 부르신 자리를 음악으로 준비하고, 백성이 그 부름에 응답할 수 있도록 예배의 길을 닦는다.

3) 설교 이전의 설교

성가대의 찬양은 설교를 위한 감정적 준비가 아니라, 영적 이해를 여는 말씀의 전주곡이다. 예배에서 설교가 하나님의 말씀이라면, 성가대의 찬양은 그 말씀을 받아들일 마음의 문을 여는 행위다. 그들의 노래는 회중의 마음을 정돈하고, 하나님께 향하도록 시선을 모은다.

하나님은 종종 말씀보다 먼저 노래를 통해 백성의 마음을 부드럽게 하신다. 엘리사가 하나님의 말씀을 듣기 전에 "거문고 타는 자를 불러오라"고 한 것처럼(왕하 3:15), 음악은 말씀을 위한 영적 토양을 고르게 한다. 성가대의 찬양은 바로 그 일을 한다. 즉 말씀을 들을 준비가 된 마음을 만드는 사역이다.

4) 찬양은 예배의 중심선에 있다

많은 교회에서 "찬양"과 "말씀"은 서로 다른 영역으로 분리되어 있다. 그러나 성경적 예배의 관점에서 볼 때, 찬양과 말씀은 예배의 두 축이다. 말씀 없는 찬양은 근거 없는 감정이 되고, 찬양 없는 말씀은 생기를 잃은 교훈이 된다.

성가대의 찬양은 말씀과 찬양을 연결하는 예배의 중심선에 있다. 그들의 노래는 예배를 정돈하고, 예배의 초점이 인간의 감정이 아니라 하나님의 영광과 진리에 머물도록 방향을 잡는다. 성가대는 그래서 예배의 앞머리에서 "하나님을 향한 시선의 초점을 맞추는 렌즈"의 역할을 한다.

5) 성가대의 찬양은 회중의 '대표 응답'이다

성가대의 노래는 단지 그들만의 독창이 아니다. 그들의 노래는 회중의 신앙을 대변하는 대표 응답이다. 즉, 성가대가 부르는 찬양은 "이 자리에 모인 모든 성도들의 고백을 모은 소리"다. 그래서 성가대의 찬양은 대표기도처럼, 공동체를 대표한 고백의 형태를 지닌다. 그들은 회중을 대신해 노래하지만, 회중을 배제하지 않는다. 오히려 회중을 하나님께로 이끄는 영적 인도자로 서 있다.

성가대가 하나님을 향해 노래할 때, 회중은 그 소리를 통해 자신의 신앙을 확인한다. 이것이 성가대의 찬양이 단순한 노래가 아니라, 예배 공동체의 신앙 선언이 되는 이유다.

6) 부름과 응답 사이의 '소리의 다리'

성가대는 부름과 응답 사이에서 하나님과 인간의 만남을 연결하는 소리의 다리다. 이 다리는 세 가지 역할을 수행한다.

- 예배의 길을 연다. 회중이 세상의 분주함에서 벗어나 하나님께 집중하도록 돕는다.
- 마음을 모은다. 분산된 생각과 감정을 하나의 찬양으로 모아 예배의 중심에 세운다.
- 진리를 전한다. 가사 속에 담긴 복음을 통해 회중이 말씀을 미리 맛보게 한다.

이 세 가지 기능은 모두 "음악"이 아니라 "말씀"에 근거한다. 성가대의 찬양은 하나님의 진리를 전달하기 위한 음악적 설교이기 때문이다.

7) 회중과의 상호작용

예배학적으로, 성가대는 결코 '무대 위의 가수들'이 아니다. 그들은 예배의 중심에서 회중과 함께 하나님께 노래하는 공동예배자다. 예배 중 성가대의 노래가 회중에게 들리지만, 그 목적은 회중의 귀를 즐겁게 하는 것이 아니라, 회중의 입술과 마음을 열게 하는 것이다.

성가대의 찬양은 "함께 노래합시다"라는 초대이며, "우리가 하나님께 이렇게 응답합시다"라는 모범이다. 그들의 찬양을 통해 회중은 자신도 예배에 참여하고 있음을 깨닫는다.

성가대의 찬양은 예배의 변두리가 아니라, 예배의 핵심 대화 속에 서 있는 소리다. 하나님이 부르시고, 성가대가 응답하며, 회중이 그 노래에 마음을 합할 때, 예배는 비로소 완성된다. 성가대의 사명은 단순히 소리를 내는 것이 아니다. 그들은 예배의 신학을 소리로 증언하는 자이며, 부름과 응답 사이에서 진리를 노래하는 사역자이다.

> "여호와께 노래하여 그의 이름을 송축하며 그의
> 구원을 날마다 전파할지어다"(시 96:2)

이 구절이 바로 성가대의 존재 이유다. 하나님의 부름에 대한 인간의 응답— 그 응답이 음악이 되고, 그 음악이 다시 복음이 될 때, 그 자리에 참된 예배가 일어난다.

2. 음악과 말씀 사이의 균형

예배 속의 음악은 언제나 두 가지 긴장을 안고 있다. 하나는 예술적 감동의 세계, 또 하나는 진리의 선포라는 사명이다. 성가대의 노래가 아름다울수록, 사람들의 마음은 감동하지만, 그 감동이 하나님께로 향하지 않을 때 예배는 쉽게 감정의 무대가 된다. 성가대는 이 두 세계의 경계 위에 서 있다. 음악의 예술성과 예배의 신학 사이에서 균형을 세워야 하는 자리다.

1) 감정은 선물, 그러나 중심은 아니다
하나님께서 인간에게 음악을 주신 것은 단지 즐거움을 주기 위해서가 아니라, 그분의 진리를 느끼고 응답하게 하려는 목적이었다. 음악은 인간의 감정을 자극하는 놀라운 힘을 지니고 있다. 기쁨, 슬픔, 경외, 감사. 음악은 이 모든 감정을 순식간에 불러일으킨다.

그러나 예배에서 감정은 결과이지, 목적이 아니다. 성가대의 노래가 감동적이어야 하는 이유는, 그 감정이 하나님을 향한 진리의 반응으로 이어질 때만 의미가 있다. 감정이 진리를 앞서면 예배는 감동의 공연이 되고, 진리가 감정을 이끌면 예배는 영적 만남이 된다. 예배의 감동은 '소리의 크기'나 '화성의 아름다움'이 아니라, 가사 속 진리의 무게감에서 비롯된다.

2) 음악의 목적은 진리를 더 분명히 보이게 하는 것이다
음악은 본래 하나님의 말씀을 섬기기 위해 주어진 시녀와 같

다. 음악이 말씀을 돕는 순간, 그 예배는 생명을 얻고, 음악이 말씀을 압도하는 순간, 예배는 중심을 잃는다. 하나님께 드려지는 찬양은 언제나 말씀을 향해야 한다. 멜로디는 그 말씀을 품고, 리듬은 그 말씀의 의미를 지탱해야 한다. 성가대가 아름다운 화음으로 노래할 때, 그 화음의 목적은 사람의 귀를 즐겁게 하는 것이 아니라, 말씀의 메시지를 더 선명히 전달하는 것이다.

"내가 하나님을 의지하여 그의 말씀을 찬송하며 여호와를 의지하여 그의 말씀을 찬송하리이다"(시 56:10)

음악은 진리를 보이게 할 때 가장 빛난다. 그때 성가대의 노래는 단순한 예술이 아니라, 복음을 눈으로 보는 신앙의 언어가 된다.

3) 감정이 앞설 때 일어나는 위험

음악이 감정의 도구로만 사용될 때, 예배는 쉽게 감정 중심의 소비문화로 변한다. 음악은 일시적인 고양감을 줄 수 있지만, 그 감정은 진리로 이어지지 않으면 금세 사라진다. 감동은 남지만, 변화는 일어나지 않는다.

오늘날 일부 예배에서 흔히 볼 수 있는 장면, 즉 "느낌이 좋았다", "울컥했다", "전율이 왔다". 이런 표현은 진리의 이해보다는 감정의 소비를 보여준다. 물론 감정 자체는 나쁘지 않다. 그러나 감정이 예배의 척도가 될 때, 그 예배는 이미 방향을 잃은 것이다. 성가대의 사명은 감정을 조작하는 것이 아니라, 진리를 통해 성령이 역사하시도록 준비하는 것이다.

4) 말씀 중심의 음악 해석

성가대의 모든 연습과 준비는 결국 한 가지 질문으로 귀결된다. "이 곡은 무엇을 말하고 있는가?" 음악의 구조나 기법보다 먼저, 가사가 말하는 신학적 메시지를 이해해야 한다. 그 후에야 음악적 해석이 뒤따른다. 예를 들어, "주의 십자가를 바라봅니다"라는 곡을 부를 때, 그 단어의 의미를 묵상하지 않은 채 단지 선율만 정확히 부른다면, 음악적 성공일지는 몰라도 예배에서는 실패다.

음악 해석은 신학적 이해에서 출발해야 한다. 성가대의 연습 시간은 단지 발성 훈련이 아니라, 말씀을 묵상하는 시간이어야 한다. 가사를 이해하지 못한 노래는 아무리 정확한 음정이라도 공허하다. 그러나 진리를 알고 부르는 노래는 조금 불안한 음정 속에서도 하나님의 영광을 드러내는 소리가 된다.

5) 예술성과 경건성의 균형

예배 속 음악의 품질은 중요하다. 하나님께 드리는 찬양은 최고의 정성과 탁월함으로 준비되어야 한다. 그러나 그 탁월함은 자기 과시의 예술성이 아니라, 하나님께 드리는 경건의 표현이어야 한다. 성가대의 훈련은 예술적 완성을 향하지만, 그 방향은 언제나 겸손한 예배의 자리로 돌아와야 한다. 예술성이 높을수록 경건을 잃지 말고, 경건이 깊을수록 음악의 완성도를 게을리하면 안된다.

그래서 두 가지는 경쟁 관계가 아니라, 하나님께 드리는 한 몸의 예배 안에서 조화를 이룬다. 음악은 정교할수록 좋지만, 그 정교함은 하나님을 높이는 수단이어야 한다. 그때 비로소 성가대의 예술은 예배가 되고, 그들의 노래는 설교가 된다.

6) 감정에서 진리로, 진리에서 감동으로

예배의 순서는 언제나 이렇다. 진리 → 이해 → 감동 → 헌신. 오늘날 많은 교회는 이 순서를 거꾸로 거슬러 올라간다. 감동에서 시작해 진리로 가려 하지만, 감정은 결코 진리를 만들어내지 못한다.

성가대의 찬양은 이 순서를 다시 바로잡는 역할을 한다. 그들의 노래가 말씀을 선포할 때, 회중의 감정은 자연스럽게 따라온다. 감정은 진리의 열매이지, 뿌리가 아니다. 감정은 불꽃일 수 있지만, 그 불꽃이 꺼지면 예배는 남지 않는다. 그러나 진리는 불꽃이 꺼진 뒤에도 빛으로 남는다.

성가대는 음악의 중심이 아니라 예배의 중심에 서 있다. 그들의 사명은 감정을 만드는 것이 아니라, 감정을 진리로 인도하는 것이다. 음악은 감정을 불러일으킨다. 말씀은 그 감정에 방향을 준다. 성가대는 그 둘을 조화시켜 예배의 질서를 세운다. 예배의 감동이 진리에서 나오지 않으면, 그 감동은 곧 사라진다. 하지만 진리에서 비롯된 감동은 예배가 끝난 후에도 삶의 변화로 이어진다. 성가대의 찬양은 그래서 이 한 문장으로 요약된다. "음악으로 사람의 마음을 움직이되, 말씀으로 그 마음의 방향을 정하라."

이렇듯 성가대의 진정한 역할은 감정의 조율사가 아니라 진리의 전달자이다. 그들은 예배의 흐름 속에서 음악과 말씀을 조화시키며, 하나님께서 원하시는 예배의 질서를 세운다. 음악이 마음을 열고, 말씀이 그 마음에 씨를 뿌릴 때, 그 예배는 살아 있는 복음의 순간이 된다.

> "하나님은 영이시니 예배하는 자가 영과 진리로 예배할지니라"
> (요 4:24)

이 말씀은 오늘의 성가대에게도 동일하게 들린다. 영(Spirit)은 음악의 감동이고, 진리(Truth)는 말씀의 내용이다. 이 둘이 균형을 이룰 때, 예배는 완전해진다.

3. 성가대의 찬양은 공동체의 고백

성가대의 노래는 개인의 노래가 아니다. 그들의 목소리는 서로 다르지만, 그 안에는 하나의 목적이 있다. 곧 하나님을 향한 한 믿음, 한 고백, 한소리이다. 이것이 성가대가 존재하는 이유이며, 예배 안에서 성가대가 지닌 가장 깊은 신학적 의미다.

1) 교회는 '함께 부르는 공동체'이다
성경은 교회를 언제나 "그리스도의 몸"으로 묘사한다. 몸은 많은 지체로 이루어져 있지만, 그 모든 지체가 하나의 생명을 공유한다. 찬양 역시 마찬가지다.

성가대가 여러 명의 목소리로 노래할 때, 그들의 음정과 리듬이 맞추어지는 과정은 단순한 음악적 조율이 아니다. 그것은 영적 일치의 행위, 곧 "하나의 몸으로 연합하는 예배적 상징"이다. 예배에서 성가대가 함께 호흡을 맞추며 노래하는 장면은 보이지 않는 교회의 본질을 드러낸다. 서로 다른 음색과 성격을 지닌 사람들이 하나의 화음으로 하나님을 찬양하는 순간, 그곳에 교회의 본모습이 나타난다.

"우리 많은 사람이 그리스도 안에서 한 몸이 되어 서로 지체가 되었느니라"(롬 12:5)

성가대의 화음은 이 말씀의 '소리화된 형태'이다.

2) '하나의 소리'는 단조로움이 아니라 조화이다

성가대의 찬양이 "하나의 소리"가 된다는 것은 모두 같은 음을 내거나, 개성을 지워버리는 것을 뜻하지 않는다. 오히려 각자의 음색과 파트가 어우러져 조화로운 다양성을 이루는 것을 의미한다.

소프라노의 밝음, 알토의 따뜻함, 테너의 단단함, 베이스의 깊음— 이 네 가지 음색이 어우러져 하나의 화음을 만들 때, 그것은 교회의 영적 다양성이 하나로 통합되는 모습을 보여준다. 각자의 파트가 충실할수록 전체의 소리는 풍성해지고, 누군가의 음성이 지나치게 크거나 약할 때 전체의 균형이 깨진다. 이것은 음악적 원리이면서 동시에 교회의 원리이기도 하다.

성가대의 화음은 교회 공동체의 축소판이다. 모두가 주인공이면서, 누구도 중심이 아니다. 모든 파트는 전체를 위해 존재하고, 그 전체는 하나님의 영광을 위해 존재한다.

3) 화음은 교회의 신학을 드러낸다

성가대의 화음은 단순한 음의 조합이 아니라, 삼위일체의 신학을 시각적으로 보여주는 상징이다. 아버지, 아들, 성령께서 각각의 위격을 지니시지만 하나의 본질로 연합하시듯, 성가대의 여러 파트는 서로 다르지만 하나의 노래로 하나님을 찬양한다. 이 조화 속에서 우리는 교회의 본질을 배운다.

하나됨은 획일이 아니라 사랑 안의 다양성이다. 성가대의 연습은 단지 음악적 훈련이 아니라, "삼위일체적 조화"를 연습하는 신앙 행위다. 그들은 서로를 듣고, 맞추며, 비워내면서 자신의 목소리를 전체의 일부로 내어드린다. 그 순간, 찬양은 인간의 예술을 넘어 하나님 안에서 완성되는 영적 일치의 화음이 된다.

[성가대] 한마음, 한목소리로 하나님을 찬양하는 행복한 예배자들

4) 공동체적 고백으로서의 찬양

성가대의 노래는 한 개인의 감정 표현이 아니라, 교회 전체의 신앙 고백이다. 한 사람의 신앙이 아닌 "우리의 신앙"을 말하고, 한 사람의 체험이 아닌 "공동체의 역사"를 노래한다. 이 점에서 성가대의 찬양은 예배 순서 중 하나가 아니라, 교회의 집단적 설교이다.

"우리가 믿습니다", "우리가 찬양합니다", "우리가 소망합니다." 이 '우리'라는 언어가 교회의 본질을 담고 있다. 성가대의 노래는 바로 이 '우리의 고백'을 소리로 만들어내는 행위다. 그래서 성가대의 찬양은 언제나 공동체적 시제로 불러야 한다. "나의 구원"이 아니라 "우리의 구원", "나의 주님"이 아니라 "우리의 주님"으로. 그것이 교회를 교회답게 세우는 노래다.

5) 성가대는 '공동체의 얼굴'이다

예배에서 성가대는 단순히 노래하는 사람이 아니다. 그들은 회중을 대표하여 하나님 앞에 서는 공동체의 얼굴이다. 하나님께서 그들의 노래를 받으신다는 것은, 단지 한 팀의 노래를 듣는 것이 아니라, 교회 전체의 고백을 받으신다는 뜻이다. 이것은 성가대에게 두 가지 의미를 동시에 준다. 하나는 특권이며 다른 하나는 책임이다.

성가대의 노래는 예배의 얼굴이 된다. 그들의 경건과 태도, 말과 마음가짐이 교회의 예배 문화를 비춘다. 따라서 성가대는 단지 음악적 대표가 아니라, 신앙의 대표자로 서야 한다. 그들의 목소리가 아름답기 전에, 그들의 마음이 하나 되어야 한다.

6) 소리의 일치 이상으로 마음을 일치시킴

성가대의 연습은 단지 음정과 리듬을 맞추는 과정이 아니다. 그보다 더 중요한 것은 마음의 화음이다. 음정이 조금 어긋나도 서로를 향한 사랑과 겸손이 있다면 그 노래는 하나님께 상달된다. 그러나 아무리 완벽한 화음이라도 그 속에 경쟁심과 불평이 있다면 그 소리는 사람에게만 들리고 하나님께는 닿지 않는다.

> "한마음과 한 입으로 하나님 곧 주 예수 그리스도의 아버지께 영광을 돌리게 하려 하노라"(롬 15:6)

이 말씀은 성가대에게 주어진 영적 원리다. '한입으로'라는 말은 단순히 합창을 의미하지 않는다. 그것은 "하나의 마음으로 하나님께 영광을 돌리라"는 뜻이다. 성가대의 진정한 화음은 목소리가 아니라 마음에서 나온다.

7) 공동체의 화음이 주는 영적 메시지

성가대의 찬양을 듣는 회중은 단지 아름다운 음악을 듣는 것이 아니다. 그들은 교회의 일치를 듣는다. 서로 다른 사람들이 한소리로 노래하는 모습을 통해 회중은 "우리도 그리스도 안에서 하나"라는 메시지를 듣는다. 이것이 성가대 찬양이 지닌 가장 큰 영적 힘이다. 그 노래는 회중에게 "함께"라는 복음을 들려준다. 혼자 믿는 신앙이 아니라, 함께 고백하고, 함께 찬양하는 신앙. 그것이 바로 교회다.

성가대의 노래는 교회의 공동체성을 드러내는 보이는 신학이다. 그들은 소리로 복음을 전하고, 화음으로 교회의 하나 됨을 증언한다. 그들의 노래는 예배의 음악이자, 교회의 영적 구조를 보여주는 모형이다. 성가대가 단순히 노래하는 그룹이 아니라 교회의 일치와 신앙을 상징하는 공동체로 서게 될 때, 그들의 찬양은 단순한 음악이 아니라 교회의 영혼을 드러내는 소리가 된다.

"보라 형제가 연합하여 동거함이 어찌 그리 선하고
 아름다운고"(시 133:1)

그 선하고 아름다운 연합의 소리가 바로 성가대의 찬양이다. 그 노래가 울려 퍼질 때, 교회는 세상 속에서 하나의 믿음, 하나의 고백, 하나의 소리로 드러난다.

8) 성가대의 영적 태도

성가대의 사역은 소리로 드러나지만, 그 출발점은 마음의 깊은 곳에 있다. 하나님은 인간의 기술보다 태도를 보시고, 음성보다 마음의 향기를 받으신다.

> "내가 보는 것은 사람과 같지 아니하니 사람은 외모를 보거니와 나 여호와는 중심을 보느니라"(삼상 16:7)

성가대의 찬양은 곧 그들의 내면을 비추는 거울이다. 음정이 정확하고 화음이 완벽해도, 그 마음이 교만하거나 무관심하다면, 그 소리는 하나님께 예배가 되지 못한다. 성가대의 진정한 준비는 발성 연습 이전에, 마음의 조율에서 시작된다.

(1) 찬양은 '봉사'가 아니라 '예배'

성가대의 첫 번째 자세는 "예배자로 서는 마음"이다. 많은 교회에서 성가대를 "봉사팀"이나 "음악 담당자"로 생각하지만, 그들의 본질은 예배자다. 성가대의 자리는 단지 일꾼의 자리가 아니라, 하나님 앞에 서는 제사장의 자리이다. 레위인들이 성전에서 찬양으로 제사를 도왔듯, 오늘의 성가대도 예배의 제단을 세우는 사역자다. 따라서 성가대의 노래는 "사람을 위한 공연"이 아니라, "하나님께 드리는 제물"이어야 한다. 그들은 예배당의 앞자리에 서 있지만, 그 무대는 사람을 향한 것이 아니라 하나님을 향한 제단이다.

> "너희 몸을 하나님이 기뻐하시는 거룩한 산 제물로 드리라.
> 이는 너희가 드릴 영적 예배니라"(롬 12:1)

성가대의 노래는 이 '산 제물'의 한 형태다. 목소리와 마음, 그리고 시간과 헌신을 드리는 살아 있는 예배의 표현이다.

(2) 준비된 마음이 준비된 소리를 만든다
좋은 소리는 기술에서 오지 않는다. 좋은 소리는 준비된 마음에서 온다. 성가대의 연습 시간은 단순히 음악을 맞추는 시간이 아니라, 하나님의 말씀과 은혜를 묵상하는 시간이어야 한다. 음정과 리듬을 익히는 동안, 그 노래의 의미가 마음에 새겨져야 한다.

찬양은 "지식으로 부르는 것"이 아니라, "깨달음으로 드리는 것"이다. 따라서 성가대의 진짜 연습은 연습실 밖, 삶의 자리에서 이미 시작된다. 일상 속에서 하나님의 은혜를 기억하는 사람만이 예배의 자리에서 진실된 노래를 할 수 있다.

(3) 겸손
겸손은 모든 예배자의 첫 덕목이다. 성가대에게도 마찬가지다. 노래를 잘 부를수록 사람의 칭찬을 듣기 쉽고, 그 칭찬은 은밀히 교만을 불러온다. 그러나 찬양의 자리에서 교만은 가장 위험한 독이다. 하나님은 능숙한 가수보다 겸손한 예배자를 기뻐하신다. 그분은 음정보다 마음을, 완벽한 하모니보다 깨끗한 심령의 울림을 받으신다.

"하나님께서 구하시는 제사는 상한 심령이라"(시 51:17)

성가대의 찬양은 이 상한 심령에서 출발해야 한다. 하나님 앞에서 자신을 낮추는 순간, 그 노래는 성령의 통로가 된다. 겸손은 성가대의 영적 악보다. 그 선율 위에만 진정한 찬양이 기록된다.

(4) 일상 속의 거룩함이 예배의 깊이를 만든다
성가대의 사역은 주일 한 시간으로 끝나지 않는다. 그들의 노래는 삶에서 이어져야 한다. 주중에 불평과 다툼, 무관심 속에 살아간다면 주일의 노래는 공허하다. 그러나 평일의 삶이 감사와 경건으로 채워진다면, 그 소리는 단 한 음절이라도 거룩하다. 성가대의 영적 태도는 연습실이 아니라 삶의 현장에서 다듬어진다. 그들의 일상은 찬양의 전주곡이다.

"무엇을 하든지 말에나 일에나 다 주 예수의 이름으로 하고"(골 3:17)

찬양의 영성은 무대 위가 아니라, 가정과 일터, 사람 사이에서 자란다. 그들의 삶이 찬양이 될 때, 그들의 노래는 설교가 된다.

(5) 순종과 헌신

성가대의 자리는 '열심 있는 자'가 아니라 '순종하는 자'를 위한 자리다. 찬양은 순종의 언어다. 성가대원이 된다는 것은 하나님께 "예"라고 말한 사람이라는 뜻이다. 그들은 자신의 시간, 재능, 편안함을 하나님께 드리기로 작정한 사람들이다. 때로는 피곤하고, 반복되는 연습이 힘들 수 있다. 그러나 그 모든 과정은 하나님께 드리는 헌신의 행위다. 순종은 감정이 아니라 결단이다. 그 결단이 모일 때, 성가대는 하나님의 기쁨이 되는 공동체가 된다.

> "우리의 눈이 여호와 우리 하나님을 바라보며 우리에게 은혜 베풀어 주시기를 기다리나이다"(시 123:2)

이 고백이 바로 찬양대의 태도다. 그들의 시선은 언제나 하나님께 고정되어 있어야 한다.

(6) 사랑과 연합

성가대의 소리가 하나가 되기 위해서는 서로에 대한 사랑과 연합이 먼저 있어야 한다. 음악적으로 조화를 이루는 것은 연습으로 가능하지만, 영적으로 하나 되는 일은 사랑으로만 가능하다. 성가대가 서로를 비난하거나 경쟁하면 그들의 노래는 아무리 정확해도 예배가 되지 않는다. 그러나 서로를 세워주고, 이해하고, 격려할 때 그 화음은 단순한 음악을 넘어 하나님의 임재를 머물게 한다. 성가대의 연합은 성령의 통로다. 성령님께서 역사하시는 곳에는 늘 사랑과 일치가 있다.

(7) 하나님을 향한 시선

성가대의 노래가 하나님께 닿기 위해서는 시선이 사람에게서 벗어나야 한다. "오늘은 잘했을까?", "회중이 좋아했을까?"라는 질문보다, "하나님께서 기뻐하셨을까?"를 물어야 한다. 찬양은 평가받는 일이 아니라, 드리는 일이다. 성가대의 가장 아름다운 순간은 모든 눈이 자신에게 향하지 않고 하나님께로 향하는 순간이다. 그때 그들의 소리는 예배가 된다.

성가대의 소리는 마음의 상태를 반영한다. 마음이 정결할수록 소리는 맑고, 마음이 교만할수록 소리는 흐려진다. 따라서 성가대의 첫 번째 연습은 음계가 아니라 자기 점검이다. 내가 왜 이 자리에 서는가? 내가 누구를 위해 노래하는가? 그 질문에 "오직 하나님의 영광을 위하여"라고 답할 수 있을 때, 그들의 노래는 예배가 된다.

> "내 속에 정한 마음을 창조하시고 내 안에 정직한 영을 새롭게 하소서"(시 51:10)

성가대의 진정한 준비는 이 기도로 시작되고, 그 기도 위에 모든 음악이 세워진다.

(8) 소리보다 마음이 먼저다

하나님은 음정보다 중심을 들으신다. 성가대의 사명은 좋은 노래를 만드는 것이 아니라, 하나님이 기뻐하시는 마음을 올려드리는 것이다. 그 마음이 겸손할 때, 그들의 소리는 은혜가 되고, 그들의 노래는 설교가 된다.

결국 성가대의 찬양은 이렇게 정의될 수 있다. "거룩한 마음으로 하나님을 향한 소리를 드리는 일." 그 소리는 단순한 음악이 아니라 하나님께 드려지는 향기요, 예배의 깊은 숨결이다.

9) 성가대의 예배 참여

성가대는 예배의 한 부분을 담당하지만, 예배의 한 '순서'에만 참여하는 사람들은 아니다. 그들은 예배의 전 과정에 참여하는 예배자다. 예배를 시작할 때, 마칠 때에 찬양을 부를 뿐 아니라, 기도할 때, 말씀을 들을 때, 헌금을 드릴 때에도 성가대는 전인적인 예배의 한 몸으로 참여한다. 그렇지 않으면 그들의 찬양은 단절되고, 예배의 전체적 흐름 속에서 의미를 잃는다.

(1) 성가대는 "제단"에 선다

성가대가 서 있는 위치는 회중 앞이지만, 그 자리는 결코 무대가 아니다. 그곳은 하나님 앞에 세워진 작은 제단이다. 무대는 '보여주는 곳'이지만, 제단은 '드리는 곳'이다. 성가대의 찬양이 제단이 되려면, 그들의 마음이 "들음"이 아니라 "드림"의 상태에 있어야 한다. 즉, 예배 중 자신이 연주자나 연극 배우가 아니라 예배자이자 제물로 부름받은 존재임을 자각해야 한다. 성가대의 자리는 하나님과 회중 사이에 서 있는 영적 통로이며, 그들의 노래는 하나님께 향한 향기요, 회중에게 흘러가는 복음의 강이다.

(2) '예배 참여자'로 서기

예배 중 성가대의 찬양이 끝난 후, 일부 대원들이 마음속으로 '이제 내 할 일은 끝났다'고 느끼는 경우가 있다. 그러나 그 순간부터가 오히려 참된 예배의 절정이다. 성가대의 찬양은 예배의 한 흐름일 뿐, 예배의 중심은 하나님과의 만남이다. 따라서 성가대는 설교 중에도 말씀을 경청하고, 기도 중에도 함께 엎드리며, 회중찬송에서도 하나의 성도로 참여해야 한다. 그들의 예배 참여는 단지 시각적으로 보이는 찬양이 아니라, 영적으로 연결된 끊임없는 예배의 태도이다.

> "너희가 먹든지 마시든지 무엇을 하든지 다 하나님의 영광을 위하여 하라"(고전 10:31)

찬양을 마친 뒤에도 예배는 끝나지 않는다. 그들의 마음이 여전히 하나님께 머물러 있는 한, 그들의 침묵마저도 찬양이 된다.

(3) 설교 시간에도 예배는 계속된다

성가대는 설교를 듣는 회중이기도 하다. 그러나 그들의 자리는 보통 앞쪽이거나 높은 단상이기에 "듣는 태도"보다 "보이는 자세"가 강조되기 쉽다. 하지만 성가대의 예배 참여는 그 누구보다 진지해야 한다. 그들이 회중 앞에 서 있는 것은, 회중보다 더 거룩해서가 아니라 먼저 하나님 앞에 나아가도록 부름 받았기 때문이다. 설교를 들을 때도 그들은 하나님이 자신에게 말씀하시는 음성을 성가대석 위에서 조용히 받아야 한다.

성가대의 눈빛, 자세, 경청의 태도는 회중에게 "예배자의 본보기"가 된다. 성가대가 경건하게 말씀에 집중할 때, 회중 전체의 예배 분위기가 자연스럽게 깊어진다.

(4) 회중찬송 속의 성가대
성가대는 회중찬송 때 잠시 쉬는 그룹이 아니다. 그들은 회중의 찬양을 이끄는 숨은 인도자다. 성가대가 회중찬송을 적극적으로 부를 때, 회중은 자연스럽게 따라 부른다. 그들의 성량과 확신 있는 찬양이 예배 전체를 하나로 묶는다. 회중찬송은 성가대의 무대가 아니라, 성가대가 회중 속으로 내려오는 순간이다. 그때 성가대는 특별한 자리가 아니라 "하나의 몸으로 함께 노래하는 교회"의 일부가 된다. 찬양대의 소리가 회중의 노래에 묻힐 때, 그 예배는 가장 아름답다.

(5) 기도와 침묵 속에서도 찬양은 계속된다
성가대의 찬양은 반드시 노래로만 이루어지지 않는다. 기도하는 순간에도, 말씀을 묵상할 때에도, 그 마음속 찬양은 멈추지 않아야 한다. 특히 예배 중 기도 시간은 성가대가 '다음 순서를 기다리는 시간'이 아니라, 하나님께 자신을 새롭게 올려드리는 영적 재헌신의 시간이다. 찬양은 소리의 형태로만 존재하지 않는다. 기도하는 마음도 찬양이고, 눈물도 찬양이다. 입을 닫은 순간에도, 그 마음이 하나님을 향하고 있다면 그것은 여전히 노래다.

> "여호와여 내 입의 말과 마음의 묵상이 주님 앞에 열납되기를
> 원하나이다"(시 19:14)

(6) 예배의 전 과정이 하나의 찬양이다

성가대가 부르는 노래는 예배 전체의 일부지만, 그들의 사역은 예배 전체를 아우른다. 찬양은 예배의 일부로 시작되지만, 그들의 태도와 경건은 예배 전체를 완성시킨다. 예배의 모든 요소, 즉 찬송과 기도, 말씀과 헌신은 서로 분리된 것이 아니라 하나의 예배로 엮여 있다. 성가대가 이 흐름을 이해할 때, 그들의 찬양은 단절된 순서가 아니라 예배 전체의 일부로 살아 움직이는 행위가 된다. 그들의 노래는 예배의 중심이 아니라 예배 전체를 빛나게 하는 촛불이다.

(7) 하나님을 향한 '시선의 지속'

예배에서 가장 중요한 것은 시선의 방향이다. 성가대의 시선이 회중을 향하면 공연이 되고, 하나님을 향하면 예배가 된다. 성가대의 사명은 노래의 순간뿐 아니라 예배 전체에서 하나님을 바라보는 일이다. 그 시선이 흔들리지 않을 때, 성가대의 예배 참여는 완성된다. 그들의 시선이 하나님께 머물면, 그들의 태도와 표정, 자세 모두가 예배의 메시지가 된다.

결국 성가대는 듣는 예배자가 아니라 드리는 예배자이다. 그들의 사역은 예배의 특정 시간에 국한되지 않는다. 예배의 시작부터 끝까지, 그들은 하나님께 향한 예배의 흐름을 함께 짊어

진다. 예배란 '무엇을 듣는 시간'이 아니라 '하나님께 자신을 드리는 시간'이다. 성가대는 이 진리를 몸으로 보여주는 예배의 모델 공동체이다. 그들의 찬양이 멈추어도 예배는 계속된다. 왜냐하면 그들의 존재 자체가 이미 예배의 일부이기 때문이다.

> "그들이 하나님의 보좌 앞에 있고 또 그의 성전에서 밤낮 하나님을 섬기매"(계 7:15)

성가대의 사역은 이 말씀의 실현이다. 그들의 찬양은 주일의 한 시간이 아니라, 삶 전체로 이어지는 예배의 연속선상에 있다.

(8) 예배의 한 몸으로
성가대는 예배의 '부속품'이 아니라, 예배의 몸을 이루는 지체이다. 그들이 찬양할 때뿐 아니라, 말씀을 들을 때, 기도할 때, 헌신할 때에도 하나님은 그들의 마음을 받으신다.

성가대의 예배 참여는 이렇게 요약된다. "하나님 앞에서, 하나님과 함께, 하나님을 향하여." 이 세 방향을 잃지 않을 때, 그들의 예배는 완전해지고, 그들의 노래는 영혼의 제사가 된다.

4. 성가대의 사역과 실제

성가대의 찬양은 단지 예배의 한 장면이 아니라, 교회의 신앙과 영성을 드러내는 살아 있는 설교이다. 그러나 그 거룩한 사명을 감당하기 위해서는 영적인 열정만으로는 충분하지 않다. 찬양이 예배가 되기 위해서는 신학적 기초와 음악적 준비, 공동체적 협력이 균형 있게 어우러져야 한다.

성가대 사역은 "예배의 신학"과 "음악의 예술"의 만남이다. 예배의 신학이 없는 음악은 감정의 유희로 끝나고, 음악적 예술성이 없는 예배는 형식적인 의식에 머문다. 따라서 성가대의 사역은 언제나 '신학과 예술의 교차점'에서 이루어진다. 이 두 세계가 만나는 곳에서 성가대의 찬양은 단순한 노래가 아닌, 하나님께 향한 "소리의 제사"가 된다. 성가대의 노래가 교회를 세우고, 말씀을 살아 있게 만드는 힘은 바로 이 균형의 자리에서 나온다.

성가대는 예배 안에서 하나님을 찬양하고, 그분의 말씀을 노래로 해석하는 교회의 입이다. 동시에 회중의 신앙과 정서를 대표하여 하나님께 나아가는 교회의 귀이기도 하다. 그들의 소리는 회중의 마음을 모으고, 그들의 찬양은 교회의 신앙을 말한다. 따라서 성가대의 모든 활동은 예배를 더 깊이 있게 만드는 교회의 언어 행위다.

성가대의 연습은 단순한 음악적 훈련이 아니라, 교회의 신앙을 '소리의 형태로 번역하는 작업'이다. 그들의 찬양 속에서 교회는 "우리가 믿는 하나님이 어떤 분인가"를 듣는다. 찬양의 완성도는 단지 음악적 완벽함이 아니라 영적 진실성에서 비롯된다. 성가대의 연습과 훈련, 곡 해석, 리허설 등은 모두 "하나님께 최선의 예배를 드리기 위한 거룩한 준비"이다. 따라서 그들의 연습은 단지 '공연 리허설'이 아니라 예배를 위한 예배 전(前) 예배이다.

음정과 리듬, 화음과 발성의 정교함은 결국 하나님께 드리는 예배의 정성의 표현이다. 이 장에서는 성가대의 실천적 준비가 어떻게 예배 신학과 일치할 수 있는지를 다룬다.

성가대는 개인의 기량을 뽐내는 무대가 아니라, 공동체가 함께 하나님께 영광을 돌리는 예술 행위이다. 각자의 목소리는 작지만, 모일 때 큰 울림을 만든다. 각자의 역할은 다르지만, 그 안에서 하나의 메시지를 완성한다. 성가대의 찬양은 이렇듯 '함께함의 예술', 곧 교회의 공동체성을 가장 아름답게 드러내는 공간이다. 이 장에서는 성가대 안의 리더십, 연합, 팀워크, 그리고 사랑과 헌신의 관계성을 구체적으로 탐구한다.

성가대의 모든 활동, 즉 연습, 준비, 찬양, 봉사는 결국 예배로 귀결되어야 한다. 음악이 아무리 뛰어나도, 그 중심이 예배가 아니면 그 노래는 하나님께 닿지 않는다. 예배는 성가대의 목적이자 출발점이다. 그들은 음악을 통해 예배를 준비하고 예배를 통해 음악을 거룩하게 한다. 따라서 성가대의 실천적 사역은 언제나 "예배를 위한 모든 것"이라는 근본 원리 위에 세워져야 한다.

1) 성가대의 준비와 연습

성가대의 찬양은 주일 예배 한순간에 이루어지지 않는다. 그 한 곡의 찬양 뒤에는 수많은 시간의 연습과 준비, 그리고 눈에 보이지 않는 영적 헌신의 시간이 쌓여 있다. 성가대의 연습은 단지 성부를 맞추는 시간이 아니다. 그것은 예배를 준비하는 거룩한 시간, 즉 "예배 전의 예배"이다. 하나님은 성가대의 목소리뿐 아니라, 그들의 연습 과정 속에서 이미 영광을 받으신다.

(1) 연습의 출발점은 '예배적 태도'
성가대의 연습은 언제나 기도로 시작되어야 한다. 그 기도는 단순한 형식이 아니라, "이 시간은 하나님께 드리는 예배입니다"라는 선언이다. 음악적 준비 이전에, 성가대의 마음이 먼저 하나님께 향해야 한다. 왜냐하면 예배의 본질은 '준비된 소리'가 아니라 '준비된 마음'이기 때문이다.

"여호와를 경외하는 것이 지식의 근본이거늘"(잠 1:7)

이 구절처럼, 성가대의 지식(기술) 또한 하나님을 경외하는 마음에서 출발해야 한다. 성가대의 첫 음은 연습실에서 만들어지는 것이 아니라, 기도 속에서 태어난다.

(2) 연습은 기술이 아니라 '사명'의 표현
성가대의 연습은 단순한 의무가 아니라, 하나님께 최선을 드리기 위한 사명 수행의 과정이다. "하나님은 마음만 보시니까, 대충 불러도 괜찮다"는 말은 예배자의 자세가 아니다. 하나님께 마음을 드리는 사람이라면, 그 마음이 자연히 정성으로 표현되어야 한다. 정확한 음정, 바른 호흡, 명확한 발음, 조화로운 화음과 섬세한 다이내믹— 이 모든 음악적 요소는 하나님께 드리는 최고의 헌신을 준비하는 과정이다.

> "여호와께 드리는 자는 기쁘게 받으심이 되도록 아무
> 흠이 없는 온전한 것으로 할지니"(레 22:21)

이 원리는 오늘의 성가대에도 동일하게 적용된다. 연습은 헌신의 연장이고, 훈련은 경건의 표현이다.

(3) 연습의 목적은 '마음을 맞추는 것'
성가대의 연습에서 가장 중요한 조율은 음정이 아니라 마음의 조율이다. 음악적으로 완벽한 화음이라도 그 안에 분열과 불평이 있다면 그 소리는 하나님께 닿지 않는다. 서로의 실수를 덮어주고, 함께 한 호흡으로 부르기 위해 기다려주는 마음, 이것이 진정한 화음이다. 따라서 성가대의 연습은 단지 합창이 아니라 공동체 훈련의 시간이다. 서로를 향한 배려, 경청, 겸손이 모여야 그 노래가 예배의 향기로 올라간다.

> "형제가 연합하여 동거함이 어찌 그리 선하고 아름다운고"
> (시 133:1)

성가대의 연습이 바로 그 연합의 학교이다. '음악 연습'과 '신앙 훈련'의 두 축으로 이루어진다.

첫째는 음악적 준비다. 악보를 정확히 이해하고 음정과 리듬을 정돈하며 가사의 의미에 따라 표현을 조절한다. 이것은 '기술의 영역'이다. 하지만 음악만으로는 예배가 완성되지 않는다.

둘째는 영적 준비다. 가사를 묵상하고 말씀의 의미를 함께 나누며 기도 속에서 노래의 메시지를 되새긴다. 이것은 '마음의 영역'이다. 이 두 가지가 만나야 성가대의 찬양은 살아 있는 예배가 된다.

연습은 '예배의 리허설'이 아니라 '예배 자체'이다. 성가대의 연습은 단지 주일 찬양을 위한 리허설이 아니라, 이미 하나님께 드려지는 하루의 예배이다. 연습 중에도 하나님은 그곳에 임재하시며, 그 시간 속에서도 성령은 일하신다. 따라서 연습 중에 나누는 말, 태도, 분위기 하나하나가 모두 예배의 일부다.

음악을 연습하면서 마음이 흐트러지거나 사소한 말로 서로를 상하게 한다면, 그 노래는 아무리 완벽해도 거룩하지 않다. 반대로, 서로를 격려하고 말씀으로 나누며 작은 기도로 연습을 마무리할 때, 그 찬양은 이미 예배가 되어 있다.

> "두세 사람이 내 이름으로 모인 곳에는 나도 그들 중에 있느니라"(마 18:20)

성가대의 연습실은 바로 그 약속이 이루어지는 장소다.

2) 지휘자와 반주자, 그리고 대원의 관계

성가대의 준비에서 가장 중요한 것은 협력의 질서이다. 지휘자는 방향을 제시하는 리더이며, 반주자는 그 방향을 음악으로 지지하는 동역자이다. 대원들은 그 흐름 속에서 조화롭게 순종하는 예배자다. 이 관계가 깨어지면, 음악은 살아도 예배는 죽는다.

지휘자의 역할은 통제자가 아니라 예배의 인도자, 반주자의 역할은 보조가 아니라 예배의 동반자, 대원의 역할은 연주자가 아니라 예배의 사역자이다. 세 역할이 조화롭게 맞물릴 때, 그 소리는 하나님께 향한 완전한 예배가 된다.

3) 성가대 연습의 실제적 원칙

성가대가 "예배 전의 예배"로서 연습을 세우기 위해 지켜야 할 몇 가지 실제적 원칙은 다음과 같다.

- 기도로 시작하고 기도로 마친다. 연습의 처음과 끝은 반드시 하나님께 열고 닫는다.
- 가사를 묵상한다. 노래하기 전에 각 대원이 가사의 의미를 묵상하도록 한다.
- 서로의 소리를 들으며 부른다. 나의 소리를 내기보다, 서로의 소리를 들으며 하나의 음을 만든다.
- 예배의 태도로 연습한다. 연습 중 농담과 잡담을 삼가고, 경건한 분위기를 유지한다.
- 말씀과 찬양을 연결한다. 연습 중 간단한 성경 구절을 읽거나 찬양의 주제에 맞는 말씀을 함께 나눈다.

이 다섯 가지 원칙은 단순한 규율이 아니라, 예배적 분위기를 세우는 영적 질서이다.

성가대의 준비는 "의무"가 아니라 "헌신"이다. 준비된 찬양은 준비된 삶에서 나오며, 그 준비의 과정 자체가 이미 예배의 일부다. 연습을 위해 시간을 내고, 자세를 바로 하고, 목소리를 단련하는 모든 과정이 하나님께 드리는 사랑의 표현이다.

> "무슨 일을 하든지 마음을 다하여 주께 하듯 하고 사람에게 하듯 하지 말라"(골 3:23)

성가대의 연습은 바로 이 말씀의 실천이다. 그들은 주께 하듯 노래를 준비하고, 주께 하듯 서로를 섬기며, 주께 하듯 예배를 예비한다. 성가대의 연습은 예배의 연장선이며, 예배는 연습의 완성이다.

연습실에서의 태도와 마음이 주일 예배의 소리를 결정한다. 음악적 완성도는 중요하지만, 그보다 더 중요한 것은 영적 진실성이다. 하나님은 음정보다 진심을 들으시고, 리듬보다 사랑을 받으신다. 성가대의 준비는 곧 예배의 시작이다. 그들의 연습이 거룩하면, 그들의 예배도 거룩해진다.

> "우리는 예수로 말미암아 항상 찬송의 제사를 하나님께 드리자 이는 그 이름을 증언하는 입술의 열매니라"(히 13:15)

그 제사는 예배의 순간에만 드려지는 것이 아니다. 그 제사는 연습의 자리에서 이미 시작된다. 따라서 성가대의 연습은 언제나 예배 전의 예배다.

4) 곡의 선택과 해석

성가대의 찬양은 예배의 일부가 아니라 말씀의 확장된 형태이다. 따라서 성가대의 선곡은 단순히 '좋은 곡을 고르는 일'이 아니라, 하나님께 어떤 메시지를 드리고, 회중에게 어떤 복음을 전할 것인가를 결정하는 신학적 행위이다. 음악은 그릇이다. 그릇이 아무리 아름다워도, 그 안에 담긴 내용이 진리가 아니면 예배가 될 수 없다. 성가대의 곡 선택은 언제나 그릇이 아니라 내용(가사)에서 출발해야 한다.

(1) 찬양의 본질은 음악이 아니라 '말씀'

찬양은 노래이지만, 그 본질은 말씀을 노래로 바꾸는 행위이다. 하나님은 음악 자체보다, 그 음악이 담고 있는 메시지의 진리를 받으신다.

> "그리스도의 말씀이 너희 속에 풍성히 거하여 ... 시와 찬송과 신령한 노래를 부르며 감사하는 마음으로 하나님을 찬양하고"(골 3:16)

이 구절은 찬양의 근본 구조를 보여준다. 말씀이 먼저 풍성히 거하고, 그 후에 노래가 나온다. 말씀이 없는 찬양은 껍데기요, 진리가 없는 음악은 공허하다. 따라서 곡의 선곡은 반드시 "가사가 복음적인가?"에서 시작되어야 한다.

(2) '좋은 노래'보다 '바른 노래'를

성가대의 곡 선택에서 가장 흔한 실수는 "회중이 좋아하는 노래", "음악적으로 멋진 곡"을 먼저 고려하는 것이다. 그러나 예배의 목적은 감동을 주는 데 있지 않다. 예배의 목적은 하나님을 영화롭게 하고, 회중을 진리로 이끄는 것이다. '좋은 노래'보다 '바른 노래'를 선택해야 한다. 멜로디가 다소 단순하더라도, 그 가사가 진리 위에 세워져 있다면 그 노래는 하나님께 향하는 예배가 된다. 반대로, 가사가 모호하거나 인간의 욕망을 자극하는 내용이라면 아무리 아름다운 선율이라도 그것은 예배의 노래가 아니다.

"예배하는 자가 영과 진리로 예배할지니라"(요 4:24)

진리 없는 감동은 예배가 아니며, 감동 없는 진리도 예배가 아니다. 성가대는 이 두 가지를 함께 세워야 한다.

(3) 가사는 '교회의 신학'

성가대의 찬양은 교회의 신앙 고백이다. 따라서 그들이 부르는 가사는 그 교회의 신학적 정체성을 그대로 보여준다. 어떤 교회가 늘 "축복"이나 "형통"만 노래한다면, 그 교회는 은혜의 복음보다 세속적 성공의 신학에 가까울 수 있다.

반대로, "십자가"와 "은혜", "회개"와 "소망"이 반복해서 등장한다면, 그 교회는 복음의 중심에 서 있는 것이다. 가사는 교회의 신학을 말하고, 그 신학은 회중의 신앙을 형성한다. 따라서 성가대가 부르는 한 곡의 가사도 결코 가볍게 선택해서는 안 된다.

(4) 곡 선택의 신학적 기준 세 가지
성가대의 찬양이 예배의 중심을 벗어나지 않기 위해, 다음의 세 가지 기준을 항상 기억해야 한다.
- **하나님 중심성.** 가사의 주어가 "나"보다 "하나님"인가? 찬양의 초점이 인간의 감정이 아니라 하나님의 성품과 영광에 맞춰져 있는가?
- **복음의 명료성.** 가사 안에 구속, 은혜, 회개, 구원의 핵심 주제가 포함되어 있는가? 단순한 위로의 메시지가 아니라, 복음의 진리를 분명히 선포하는가?
- **공동체적 고백성.** 개인의 체험보다는 교회의 신앙 전체를 고백하는 언어인가? 회중 전체가 "아멘"으로 화답할 수 있는 가사인가?

이 세 가지 기준은 성가대가 곡을 선택할 때 음악적 완성도보다 먼저 점검해야 할 신학적 필터이다.

(5) 곡 해석의 첫걸음은 '말씀 묵상'
곡을 해석한다는 것은 리듬과 다이내믹을 분석하는 것이 아니라, 가사를 이해하는 것에서 출발한다. 성가대의 지휘자와 대원은 곡을 연습하기 전에 반드시 그 노래의 가사 전체를 소리 내어 읽고, 그 의미를 함께 묵상해야 한다. 예를 들어, "주님의 십자가를 바라봅니다"라는 가사를 부른다면, 그 단어 하나하나 속에 어떤 신학적 의미가 담겨 있는지를 생각해야 한다.

"주님"은 어떤 분이신가? "십자가"는 무엇을 의미하는가? "바라본다"는 행위는 어떤 신앙의 태도인가? 이 세 가지 질문만 깊이 묵상해도 노래의 해석은 전혀 달라진다. 비록 같은 음성이어도, 마음의 소리가 달라진다.

(6) 음악은 가사를 해석하는 '언어'

음악은 가사를 돋보이게 하는 언어다. 따라서 성가대는 악보를 해석하기 전에 가사를 음악적으로 어떻게 전달할지를 고민해야 한다. 예를 들어, 감사의 노래는 밝고 활기찬 리듬으로, 회개의 노래는 절제된 다이내믹과 느린 템포로, 찬양과 경배의 노래는 웅장하면서도 경건한 음색으로 표현되어야 한다. 이것은 단순한 음악적 표현이 아니라, 신학적 감각을 음악으로 번역하는 과정이다. 성가대는 작곡가의 의도보다 하나님의 말씀의 흐름에 더 민감해야 한다. 그래야 그 노래가 단순한 예술을 넘어 예배의 메시지가 된다.

(7) 예배의 흐름 속에서 곡을 읽어라

성가대의 찬양은 예배의 순서 중 하나로 존재하지만, 예배의 맥락과 신학적 흐름 속에서 의미를 가진다. 예를 들어, 회개기도 후의 찬양이라면 용서와 은혜의 노래를, 헌금 시간의 찬양이라면 감사와 헌신의 노래를, 설교 전의 찬양이라면 말씀을 준비시키는 찬양을 선택해야 한다. 곡의 내용이 예배의 메시지와 일치할 때, 예배 전체는 하나의 이야기로 엮인다. 성가대는 예배의 신학적 연결점을 만들어내는 역할을 맡고 있다.

(8) 회중을 고려한 선곡의 지혜

성가대의 찬양은 교회 전체를 위한 것이다. 따라서 선곡 시에는 회중의 신앙 수준, 세대 구성, 교회의 영적 상황 등을 함께 고려해야 한다. 신앙의 초심자들이 많은 교회라면, 복음의 핵심이 명료한 단순한 가사를 중심으로. 성숙한 성도들이 많은 교회라면, 신학적 깊이와 묵상적 가치를 지닌 가사를 선택하는 것이 좋다. 젊은 세대와 함께 드리는 예배라면, 현대적 리듬을 쓰더라도 가사의 진리를 훼손하지 않는 범위에서 조화시켜야 한다. 성가대의 노래는 모든 세대가 함께 "아멘" 할 수 있는 복음의 언어여야 한다.

성가대의 찬양은 음표에서 시작되지 않는다. 그것은 언제나 가사에서 시작하여, 말씀으로 끝나야 한다. 곡의 선택은 단순히 음악적 판단이 아니라 교회의 신학적 방향을 결정하는 영적 선택이다. 성가대가 부르는 한 곡의 노래가 회중의 마음을 감동시킬 수도 있지만, 더 깊이 보면 그것은 그들의 신앙을 형성하는 교리의 언어다.

"주의 말씀의 맛이 내게 어찌 그리 단지요"(시 119:103)

그 단맛은 선율이 아니라 말씀이다. 따라서 성가대의 곡 선택은 언제나 "이 가사가 하나님의 말씀을 담고 있는가?"로부터 출발해야 한다. 그때 성가대의 찬양은 단순한 음악이 아니라, 살아 있는 복음의 선포가 된다.

5. 성가대의 미래

"성가대는 앞으로도 교회 안에서 계속 존재할 수 있을까?" 오늘날 많은 교회에서 던져지는 질문이다. 기술의 발전, 예배 형식의 다양화, 세대 간 음악 취향의 차이, 그리고 교회의 구조적 변화는 오랜 세월 예배의 중심에 서 있던 성가대의 자리를 흔들고 있다. 하지만 역사를 돌아보면, 성가대는 단 한 번도 시대의 변화 앞에서 사라진 적이 없었다. 오히려 새로운 형태로, 새로운 사명으로, 다시 태어나 왔다.

이제 우리는 묻는다. 21세기, 그리고 그 이후의 교회에서 성가대는 어떤 모습으로 존재해야 하는가? 그들의 소리는 어떻게 다시 예배의 중심으로 회복될 수 있을까? 이 장은 바로 그 질문에 대한 신학적, 예술적, 그리고 실천적 탐색이다.

1) 예배의 환경은 변하지만, 예배의 본질은 변하지 않는다

오늘날 교회의 예배는 급격히 변하고 있다. 영상예배, 온라인 스트리밍, LED 조명, 밴드 중심의 현대 예배 음악이 보편화되었다. 이 변화는 단순한 기술적 진보가 아니라 예배의 형태와 감수성의 변화를 뜻한다. 그러나 아무리 환경이 바뀌어도 예배의 본질, 즉 "하나님께 드려지는 찬양과 경배"라는 핵심은 변하지 않는다. 성가대는 바로 이 불변의 중심에 서야 한다. 그들의 존재 이유는 형식이 아니라 본질에 있기 때문이다.

> "예수 그리스도는 어제나 오늘이나 영원토록 동일하시니라"
> (히 13:8)

예배의 방법은 시대마다 달라져도, 예배의 대상은 언제나 동일하다. 따라서 성가대의 사명은 변화를 두려워하기보다, 그 안에서 본질을 지켜내는 것이다. 어떤 교회는 "전통 성가대는 낡았다"고 말하고, 또 어떤 교회는 "현대 찬양은 경건하지 않다"고 말한다. 그러나 찬양의 진정한 가치는 형식의 전통성과 현대성에 있지 않다. 그것은 진리의 중심성과 예배의 진정성에 있다.

성가대는 이 두 세계, 곧 전통과 현대의 다리를 놓아야 한다. 과거의 아름다운 예배 전통을 계승하면서도, 현대의 감성 언어를 이해하고 수용하는 포용적 예배자가 되어야 한다. 전통의 품격과 현대의 생동감이 만날 때, 그곳에서 새로운 찬양의 길이 열린다.

성가대의 존속을 위협하는 것은 세상의 변화가 아니라 정체성의 혼란이다. 성가대가 "노래 부르는 사람들"로만 남는다면 언젠가 그 역할은 다른 음악 형태로 대체될 것이다. 그러나 성가대가 "예배의 영적 사역자", "하나님의 말씀을 노래로 전하는 해석자"로서의 정체성을 회복한다면, 그들은 시대를 초월해 교회 안에서 계속 필요할 것이다. 성가대의 미래는 음악적 기술이 아니라, 신학적 자각과 예배적 소명 위에서 세워진다.

오늘날 교회의 예배는 세대별로 분리되는 경향이 강하다. 청년 예배, 장년 예배, 어린이 예배가 나뉘며, 각기 다른 음악과 문화를 사용한다. 그러나 하나님께 드리는 예배는 하나다. 성가대의 사명은 세대의 언어를 통합하여 교회 전체가 함께 부를 수 있는 공동체의 노래를 회복하는 것이다. 성가대가 세대 간의 음악적 다리 역할을 할 때, 예배는 다시 하나가 된다. 이것이 바로 성가대의 미래가 여전히 필요한 이유다.

오늘날 많은 교회가 디지털 기술을 활용해 온라인 예배, 영상 합창, 디지털 악보, 가상 반주를 사용한다. 성가대도 이런 변화에 닫혀 있어서는 안 된다. 기술은 도구이지 본질이 아니며, 잘 사용할 때 오히려 복음의 통로가 될 수 있다.

온라인 성가대는 흩어진 교인들이 함께 찬양하는 새로운 형태의 공동체가 된다. 디지털 악보와 연습 영상은 대원들의 학습과 준비를 돕는 유익한 도구가 된다. 녹음과 영상 제작은 교회의 찬양을 세상에 전하는 복음 선교의 통로가 될 수 있다. 단, 기술이 중심이 되어서는 안 된다. 기술은 언제나 영성의 도구로 사용될 때만 거룩하다.

2) 성가대의 미래 사명

성가대의 본질적 사명은 시대를 막론하고 같다. 그것은 단 하나, 하나님 중심의 예배를 회복하는 일. 예배가 공연화되고, 음악이 감정의 도구로 변질될 때, 성가대는 다시 그 중심을 바로 세워야 한다. 그들은 예배의 감시자가 아니라, 예배의 순수함을 지켜내는 파수꾼이다.

> "너는 마음을 다하고 뜻을 다하고 힘을 다하여 네 하나님 여호와를 사랑하라"(신 6:5)

이 사랑이 성가대의 모든 소리의 뿌리가 될 때, 그들의 찬양은 시대를 넘어 하나님의 마음을 울릴 것이다. 세상이 바뀌어도, 사람의 마음은 여전히 노래를 통해 하나님을 만난다. 성가대는 그 만남의 자리를 여는 하나님의 도구다. 그들의 소리가 작아지는 시대일수록, 그들의 사명은 더 깊어진다.

성가대의 미래는 화려한 무대에 있지 않다. 그것은 조용히 하나님을 향해 드려지는 한 사람의 진심 어린 노래 속에 있다. 그 한 사람의 마음이 모일 때, 교회는 다시 예배의 중심을 회복할 것이다.

"새 노래로 여호와께 노래하라"(시 96:1)

이 명령은 시대를 초월한다. 성가대의 미래는 바로 이 말씀에 있다. 그것은 항상 새롭게, 그러나 변함없이 하나님을 찬양하는 일이다.

3) 변화하는 예배 환경과 성가대의 도전

예배의 형태가 급변하고 있다. 과거에는 파이프오르간과 성가대가 예배의 중심을 이루었지만, 오늘날 많은 교회에서는 드럼과 일렉기타, 키보드와 마이크를 든 찬양팀이 예배의 전면에 서 있다. 이 변화는 단순한 음악적 변동이 아니라 예배 문화의 패러다임 전환이다. 성가대는 이 새로운 흐름 앞에서 "우리의 자리는 어디인가?" 하는 근본적인 질문에 직면해 있다. 그러나 이 질문은 단순히 생존의 문제가 아니다. 그것은 예배의 본질과 사명, 그리고 공동체의 다양성을 어떻게 조화시킬 것인가에 대한 더 깊은 물음이다.

(1) 현대 예배의 변화

20세기 후반부터 시작된 예배의 변화는 "예배의 참여도"를 높이려는 시도에서 비롯되었다. 기존의 성가대 중심 예배는 회중이 '듣는 예배'의 형태로 발전해 왔지만, 현대의 찬양 예배는 회중이 '함께 부르는 예배'로 이동했다.

이 변화는 나름의 장점을 지닌다. 회중은 더 적극적으로 예배에 참여하고, 음악은 보다 감정적으로 즉각적인 표현을 가능케 했다. 그러나 그만큼 음악의 신학적 깊이와 균형감이 약화되기도 했다. 빠른 곡, 단순한 반복, 감정 중심의 찬양이 예배의 중심으로 떠오르면서 "경건의 깊이"가 점점 얕아졌다는 비판도 나온다. 성가대는 바로 이 지점에서 예배의 깊이를 지켜내는 존재로 다시 빛을 발할 수 있다.

(2) 찬양팀의 등장

1980~1990년대, '마라나타 음악', '빈야드 워십', '패션 무브먼트' 등으로 대표되는 현대 찬양 운동이 전 세계 교회에 확산되었다. 한국 교회 역시 '경배와 찬양', '워십 밴드' 문화가 정착되며 오늘날 대부분의 교회에서 찬양팀이 예배의 전면을 이끌고 있다. 이 현상은 예배의 새로운 생명력을 불어넣었다. 특히 젊은 세대에게는 "하나님을 가까이 느낄 수 있는 감성의 언어"로 작용했다. 하지만 동시에 성가대와 찬양팀이 '서로 다른 진영'처럼 오해되는 현상도 생겼다. 한쪽은 "전통과 품격", 다른 한쪽은 "자유와 생동감"을 대표하며, 때로는 음악 스타일의 차이가 영적 분열로 비화되기도 했다. 이것은 하나님이 원하시는 예배의 모습이 아니다.

(3) 성가대와 찬양팀

성가대와 찬양팀은 서로 대체 관계가 아니다. 그들은 서로 다른 기능과 정체성으로 부름받은 예배의 동역자다. 이 두 사역은 방향이 다르지만, 목적은 하나다. 하나님께 영광 돌리는 예배. 성가대가 위를 향해 찬양한다면, 찬양팀은 옆으로 손을 내밀어 회중을 부른다. 이 두 축이 함께 움직일 때, 예배는 수직과 수평의 완전한 하모니를 이룬다.

(4) 성가대의 정체성 회복

성가대는 단순히 공연집단이 아니라 회중을 대표하여 하나님께 드리는 제사장적 예배자 집단이다. 예배학자 제임스 화이트는 이렇게 말한다. "성가대는 회중의 노래를 대신 부르는 자가 아니라, 회중이 드리지 못한 찬양을 대신 드리는 제사장이다."

성가대는 예배의 '중심 무대'가 아니라 하나님께 향한 '제단 앞의 사역자'이다. 따라서 그들의 존재 이유는 화려한 음악이 아니라 예배의 경건을 세우는 일이다. 이 정체성을 분명히 할 때, 성가대는 시대가 변해도 결코 사라질 수 없다.

(5) 찬양팀과의 협력

이제 교회는 성가대와 찬양팀을 분리된 구조로 두기보다 '공존과 협력'의 방향으로 나아가야 한다. 예를 들어, 찬양팀이 예배의 전반부(찬양 인도)를 담당하고, 성가대가 말씀 전 또는 헌신의 찬양을 담당하며, 양쪽이 함께 부르는 공동 찬송으로 예배를 마무리하는 구조는 서로의 은사를 살리면서 예배의 깊이와 참여를 동시에 이룰 수 있다.

또한 특별한 절기나 감사예배에서는 성가대와 찬양팀이 협업하여 "통합 예배 음악"을 만드는 것도 가능하다. 오케스트라와 밴드가 함께 협력할 때, 그 소리는 세대와 문화를 잇는 새로운 찬양의 모델이 된다. 이것이 바로 미래 교회의 예배가 나아갈 방향이다. 곧 분리가 아닌 연합, 경쟁이 아닌 협력을 가리킨다.

(6) 성가대의 과제
성가대는 시대의 흐름을 거부해서는 안 되지만, 그렇다고 그 흐름에 휩쓸려서도 안 된다. 그들의 사명은 "변화 속의 중심을 지키는 것"이다. 이를 위해 성가대는 다음 세 가지를 기억해야 한다.

- 전통을 지키되, 닫히지 말라.
  클래식과 합창의 전통은 귀하지만, 새로운 음악 언어를 배우려는 열린 태도도 필요하다.
- 형식보다 본질을 붙잡아라.
  음악적 형식은 변해도, 하나님 중심의 예배 정신은 결코 변하지 않아야 한다.
- 찬양팀과 협력하라.
  서로의 장점을 인정하고, 함께 하나님을 높이는 '공동 사역'의 정신을 가져야 한다.

4) 미래의 예배를 위한 제언

앞으로의 성가대는 다음과 같은 형태로 새롭게 진화할 수 있다.

- 하이브리드(Hybrid) 예배 합창단. 밴드와 오케스트라, 합창이 결합된 다층적 예배 음악 구조.
- 소규모 앙상블형 성가대. 소규모 교회나 온라인 예배에서도 적용 가능한 유연한 형태.
- 세대 통합형 성가대. 청소년·청년·장년이 함께 부르는 '세대 공명 합창단'.
- 디지털 성가대. 온라인 환경에서 녹음·영상 편집을 통한 '가상 합창'.

형태는 다양해질 수 있지만, 그 중심에는 언제나 하나님을 향한 예배의 신심이 있어야 한다. 성가대의 시대는 끝나지 않았다. 오히려 지금이야말로 성가대가 예배의 본질을 다시 드러낼 수 있는 새로운 시작점이다. 찬양팀이 회중을 참여시키는 손이라면, 성가대는 예배의 방향을 하늘로 들어 올리는 팔이다. 그들은 서로 다른 악기를 연주하지만, 한 분 하나님께 같은 노래를 올려드리는 동역자들이다.

> "각각 은사를 받은 대로 하나님의 여러 가지 은혜를 맡은 선한 청지기 같이 서로 봉사하라"(벧전 4:10)

성가대와 찬양팀은 다르지만, 하나님의 은혜 안에서는 하나의 소리, 하나의 목적을 가진다. 미래의 교회는 이 두 소리가 함께 울릴 때 비로소 온전한 예배의 화음을 이룰 것이다.

부록

성가대 세미나 교재

〈왜 노래 부르기는 치유적일까?〉 세미나 교재

〈성경적 치유음악사역〉 세미나 교재

때를 따라 돕는 찬송 리스트

하나님께는 영광, 사람들에게는 은혜가 되는 찬양

최병철(숙명여대 명예교수)

Q1. 찬양대에서

나는 . . .	아니다 <·················> 그렇다
(1) **존중**받고 있는가?	1 2 3 4 5 6 7 8 9 10
(2) **몰입**하여 찬양하는가?	1 2 3 4 5 6 7 8 9 10
(3) 감정을 **공감**하며 찬양하는가?	1 2 3 4 5 6 7 8 9 10
(4) **즐거운가**?	1 2 3 4 5 6 7 8 9 10
(5) **자발적**인가?	1 2 3 4 5 6 7 8 9 10

찬양대원은,

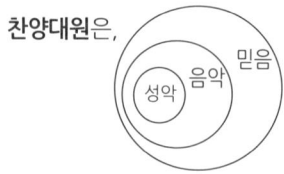

1. 성악

1) 주요 발성 메커니즘 4가지: a. 바이브레이터(vibrator)-성대
   b. 호흡기(resphator)-폐
   c. 레조네이터(Resonator)-구강, 비강 및 인두
   d. 아티큘레이터(Articulator) - 입술, 치아, 혀, 턱

2) 발성 처리과정: Breath - Vibrator - Resonator - Articulator

3) 아름다운 노래 목소리의 조건: a. 정확한 음정(Accurate pitch)
   b. 밝고 맑은 색깔(Bright and clear color)
   c. 공명(Resonance)
   d. 강세(Intensity)
   e. 길이(duration - connected or sustained)

4) 합창 앙상블은 일반적으로 다음 기준에 따라 성악적으로 평가된다.
   (1) 음정이 바른가?
   (2) Attacks and Releases가 정확한가?
      자음, 모음, 다이내믹 수준(consonants, vowels, dynamic levels, etc.)

(3) 섞임(Blend)이 좋은가?
    과도한 비브라토 또는 음색이 쪼그라드는 단원들로 인한 블렌딩 불량이 발생한다. 앙상블의 인식 부족일 수 있다. 단일 모음을 선택하고 소리의 균일성을 강조하라. 앙상블 관계에 민감하라. 허밍, 단어 NYAM, 후두 위치를 확인.

(4) 균형(Balance)이 맞는가? 앙상블 섹션이 dynamic weight에서 동일하지 않다. 이러한 균형의 부족은 클라이맥스 구절에서 가장 두드러지는 경향이 있다. 섹션을 재배치하거나 단원들이 자신의 파트 뿐만 아니라 다른 파트를 들을 수 있도록 도와준다.

(5) 음질(Tone)이 좋은가? 단원들은 특히 부드럽거나 낮은 음조를 연주할 때 균일한 음색과 풍부한 음색을 생성하고 유지하는 데 어려움을 겪는다. 성대 조정(혀 모음 및 다이내믹 수준 변경)을 느껴보도록 하라.

5) 자신의 음색 확인해보기

1	2	3	4	**5**	**6**	7	8	9	10
지나치게 가늘고 날카롭고 쪼그라드는 소리				좋은 음색				지나치게 퍼지고 공허하며 어두운 소리	

6) 파트: 외성은 외성, 내성은 내성끼리

- 불(Fire) - 날카롭고 뚜렷한
- 공기(Air) - 가쁜 숨
- 물(Water) - 흐름
- 땅(Earth) - 낮고 깊은 공명

동세기 곡선(Equal loudness curve)

2. 음악

1) 음악의 **요소**
    (1) 음(음절, 음색)
    (2) 리듬(속도, 박, 박자, 소절, 악센트, 패턴)
    (3) 멜로디(장단, 고저, 상향/하향, 음정 간격, 음역),
    (4) 화성(장단조, 조성, 협/불협화성),
    (5) 세기(역동성, 무드),
    (6) 형식(동기, 악절, 주제, 변화와 통일),
    (7) 가사

2) 음악 **장르** (고전음악, 컨트리, 블루스, 이지 리스닝, 재즈, 록, 얼터너티브, 댄스, 일렉트로닉, 힙합, 인디, 가스펠, 라틴, 메탈, 뉴에이지, 팝, 프로그레시브, 레게, K-POP 등)

3) 음악의 **힘과 영향력**
    1) 일시적인 영향력(음악이 함께하는 시간과 장소에서 일어나는)
    2) 영속적인 영향력(음악이 없어도 변화가 주, 월, 년, 평생 지속되는)

4) 음악과 **인간행동**
    1) 음악을 도구로 사람의 행동을 변화시킴 - 음악치료
    2) 변화의 대상은 사람의
        - 신체(Physical) - 인지(Cognitive) - 감정(Emotional)
        - 사회(Social)   - 행동(Behavioral)

5) 감정에 영향을 미치는 **음악**
    (1) 음악의 진행에 따른 **기대감**의 발생
        - 동영상 시청(예상감)
        - 리듬 지각은 사람이 유일(Beat perception과 vocal learning은 같은 대뇌영역인데 원숭이나 다른 동물에는 이런 것이 없다)
        *만일 원숭이에게 손뼉치게 했을 때에는 듣고 따라 치기 때문에 소리는 언제나 약간 뒤에 난다. 하지만 사람은 예측하고 손뼉을 치므로 약간 앞서 소리 난다.

    (2) **감정 발생**과 관련한 마이어(Meyer)의 법칙
        기대 법칙 혹은 예측성의 법칙이라고도 한다. 음악을 감상할 때 우리는 음악의 진행을 예측하며 음악을 듣게 된다. 이때 기대의 지연이 일어나면서 이것이 정교하게 해결되면서 감정이 발생하는데 대개는 감상의 즐거움으로 이어진다. 듀이(J. Dewey)의 갈등이론과 연관된다.

- 음악 감상(example)

  Brahms 7 Fantasies, Op. 116 – No 2 Intermezzo in A minor

(3) **표현적 시간**(Expressive Timing)

음악가들은 정해진 시간만큼 정확히 음을 연주하는 것 이상을 뜻하는 말로 "음악적" "표현적" 또는 "예술적" 이란 말을 사용하였다. 이 말은 메트로놈같이 또는 기계처럼 연주하는 것으로부터 벗어나는 것을 말한다.

- 표현적 시간에 대한 연구는 3가지 넓은 카테고리를 가지고 있다.

  1) 구조적 틀 속에서 음의 지정, 길이 비율

  2) 표현적 시간 위의 구조의 영향

  3) 리타르단도 또는 아첼레란도의 실현 - 예, Phrase lengthening, "rhythmic alteration"

3. 믿음

믿음이 없이는 (하나님을) 기쁘시게 못 하나니 하나님께 나아가는 자는 반드시 그가 계신 것과 또한 그가 자기를 찾는 자들에게 상 주시는 이심을 믿어야 할찌니라"(히 11:6)

할렐루야 그의 성소에서 하나님을 찬양하며 그의 권능의 궁창에서 그를 찬양할지어다 그의 능하신 행동을 찬양하며 그의 지극히 위대하심을 따라 찬양할지어다 나팔 소리로 찬양하며 비파와 수금으로 찬양할지어다 소고 치며 춤추어 찬양하며 현악과 퉁소로 찬양할지어다 큰 소리 나는 제금으로 찬양하며 높은 소리 나는 제금으로 찬양할지어다 호흡이 있는 자마다 여호와를 찬양할지어다 할렐루야 (시편 150:1-6)

노래는	시를	가락에 얹어	(말하듯이) 소리 내는 것
찬송은	가사를 믿음의 고백을 하나님의 영광을 은혜와 감사를 마음의 헌신을	가락에 얹어	(말하듯이) 소리 내는 것

찬양이 아무리 훌륭하고 멋있고 수준 있어도(Beauty of **Form**), 대원이나 회중에게 찬양을 통한 '하나님 임재의 경험' (Beauty of **Experience**)이 없다면 . . . . **그것은 찬양이 아니다.**

1) **예배**에 **음악**을 **사용**하는 **근거**
   - 음악은 태초부터 하나님을 찬양하는 데 사용되었다.
   - 음악은 하나님의 영광스런 임재를 체험하게 한다.
   - 음악은 하나님의 기쁨과 즐거움에 동참하게 한다.
   - 음악은 하나님께 영광 돌리기에 가장 적합한 도구이다.
   - 음악의 상징성은 영이신 하나님과의 소통에 가장 적합한 도구이다.
   - 음악은 과거의 기억을 연계시켜 세대 간 믿음의 계보를 이어가게 한다.
   - 음악은 사람의 정서를 기반으로 메시지를 효율적으로 전달한다.
   - 찬송은 하나님의 명령이다.
   - 음악은 예전의식의 필수적인 부분으로 예전의 분위기를 강화시킨다.
   - 음악은 회중을 예배에 적극적으로 참여하게 한다.
   - 찬송가는 회중을 믿음의 공동체로 묶어준다.
   - 성가대의 찬양은 예배자의 믿음과 가치를 반영한다.
   - 절기음악은 특정 절기의 의미를 강화시킨다.
   - 음악은 예배자가 예배에 주의 집중하도록 돕는다.

   우리가 드리는 찬양에 대한 하나님의 반응은 어떠하실까?

나팔 부는 자와 노래하는 자들이 일제히 소리를 내어 여호와를 찬송하며 감사하는데 나팔 불고 제금 치고 모든 악기를 울리며 소리를 높여 여호와를 찬송하여 이르되 선하시도다 그의 자비하심이 영원히 있도다 하매 **그때에 여호와의 전에 구름이 가득한지라.** 제사장들이 그 구름으로 말미암아 능히 서서 섬기지 못하였으니 이는 **여호와의 영광이 하나님의 전에 가득함**이었더라 (대하 5:13-14)	내가 **너희 절기들을 미워하여 멸시**하며 너희 성회들을 **기뻐하지 아니하나니** 너희가 내게 번제나 소제를 드릴지라도 **내가 받지 아니할 것이요** 너희의 살진 희생의 화목제도 **내가 돌아보지 아니하리라** (아 5:21-22) **네 노랫소리를 내 앞에서 그칠지어다. 네 비파 소리도 내가 듣지 아니하리라** (5:23) 새번역에서는 〈시끄러운 너의 노랫소리를 나의 앞에서 집어치워라! 너의 거문고 소리도 나는 듣지 않겠다〉 (5:23).

2) 찬양대를 위한 **제언**
   (1) 찬양곡은 하나님의 영광이드러나고 **하나님을 찬양하는 내용의 가사**이어야 한다.
   (만일 지휘자가 음악적으로 회중의 인정과 감동을 불러일으키기 위해, 다시 말해 하나님의 영광과는 상관없는 가사나, 다분히 사람들의 감정적 반응을 의도한 곡을 예배찬양으로 드린다면 잘못된 것이다.)
   (2) 예배자로서 **신실한 믿음과 건강한 인격**으로 찬양사역을 감당할 수 있어야 한다.

새찬송가 **407**(통일찬송가 465) **〈구주와 함께 나 죽었으니〉**
연습 목표:

1. 음정 간격 4도에 대한 느낌과 도약하는 즐거움을 경험하기	음악
2. 감정표현으로서의 표현적 박(Expressive timing)을 경험하기	음악
3. 가사를 소절 단위로 부르는, attack과 release를 경험하기	성악
4. 먼저 가사를 마음에 새기고 그 가사를 멜로디를 따라 노래하는 경험하기	믿음
5. 4성부 간의 섞임(blend)과 균형(balance) 있는 합창을 경험하기	음악
6. 나의 믿음의 고백으로 찬송을 경험하기	믿음

새찬송가 **438**(통일찬송가 438) **〈내 영혼이 은총 입어〉**
연습 목표:

1. 음정 간격 4도의 느낌과 6도의 새로움을 함께 경험하기	음악
2. 대조를 이루는 소절단위 가사를 즐겁게 부르는 경험을 하기	음악
3. 먼저 가사를 마음에 새기고 그 가사를 멜로디를 따라 노래하는 경험을 하기	믿음
4. 호흡을 유지하면서 찬송 부르는 경험을 하기	성악
5. 과거/현재/미래의 발전적인 찬송가사를 따라 믿음을 고백하는 경험하기	믿음

음악치료 **합창세미나**

왜 노래 부르기는 치유적일까?
Why is singing so therapeutic?

최병철(숙명여대 명예교수)

1. 음악치료

A. 예술(음악)을 위한 예술(음악)(Arts for arts' sake.) vs. 음악치료

1) **음악치료**는 **음악을 도구로 사람의 행동을 변화시키는 것**이다.

예술(주관성, 개인성, 창의성, 미)의 영향력을 과학(객관성, 보편성, 재현성, 지식)의 그릇에 담은 음악치료

음악치료는 **건강**을 증진시키기 위한 목적을 위해 **음악**으로 **클라이언트**와 **치료사**가 **함께 작업**하는 것이다.

2) **변화**의 영역:
- 신체(Physical) ・인지(Cognitive) ・감정(Emotional)
- 사회(Social) ・행동(Behavioral)

정신과, 특수교육, 노화, 일반인의 삶의 질, 정신질환자, 행동장애인, 정서장애인, 약물남용자, 노인그룹, 노인성 치매자, 발달장애인, 복합발달장애인, 신체장애인, 성적 학대자, 신경손상자, 언어장애인, 시각장애인, 학습장애인, 자폐아, 청각장애인, 의학적 문제자, 식욕장애인, 에이즈환자, 감호환자, 종말기 환자, 스트레스 대응훈련, 창의력 발달, 무대공포증, 비행청소년, 환경음악, 대인공포, 무력감 등

3) **건강**을 증진
- **Health**는 highest enjoyment of life(질병이 단지 없다는 것만은 아니다.)
- 음악과 즐거움(뇌신경과학이 밝히는 음악의 영향력)
- 무엇이 당신의 삶을 가장 즐겁게, 건강하게 하는가?

B. **적응**에서의 음악(Music in Human Adaptation)

1) 생리적 적응: 오랜 시간에 걸친(계속되는) 방해적 자극을 항상성 값에 수용하기 위해 신체의 운영기준 값을 장기간에 걸쳐 조절할 수 있는 신체의 능력을 말함

- 인간은 전형적인 feedback control system(피드백 제어시스템)의 표준작동방식을 가진다 => 항상성 값
2) 인간은 타고난 네 가지 욕구를 충족시키려 함
    - Hard-wired (생리적 욕구):
       (1) 개인으로서 생존의 욕구(생명유지와 자신을 보살피고 유지하려는 본능)
       (2) 종족으로서의 번식(유지) 욕구
    - Soft-wired (문화적 욕구, 자기중심적 욕구):
       (1) 정신적 만족(안정성, 믿음, 사랑하고 사랑받고 싶은 욕망, 용서하고 용서받고 싶은 욕망, 면죄 등)
       (2) 스스로의 운명을 결정하려는 욕구(선택의 자유, 기본권, 행복추구 권리)
3) 넓은 관점에서 보면 모든 인간행위는 이 4대 기본적 욕구를 충족시키려는 동기에서부터 발생한다고 할 수 있다. 이러한 목적을 위해 인간은 외부환경과 내부상태를 감지할 수 있는 수단을 가진다. 그것은,
    - 외수용감각(exteroception) - 인간의 오감(시각, 청각, 촉각, 후각, 미각)
    - 내수용감각(interoception) - 내부체온, 혈압, 통증, 근육운동, 중력에 대한 신체 느낌, 공간감각, 움직임, 심장박동 속도, 움직임, 배고픔, 갈증, 피로 등을 포함.
4) 외부적 방해가 피드백 조절시스템(feedback control system)을 통해 항상성(homeostatic)상태를 유지하기 위해 인체가 자신의 기준 값을 바꾸는 과정을 **적응**(adaptation)이라 한다.
    - 생리적 적응
      (1) 감각 적응(sensory adaptation)
      (2) 행동 적응(behavioral adaptation)
      (3) 기능적 적응(functional adaptation)
5) 건강하고 바람직한 Cenesthesia의 경험
    - Cenesthesia: 인체의 모든 기관계가 서로 적응하고 정상적으로 기능하며 조화를 이룰 때 느끼는 일반적 안정감과 만족감
    - 인간의 4대 기본욕구, 특히 soft-wired 충족의 성공 여부는 인간이 cenesthesia를 경험한 정도에 따라 결정된다.
    - Cenesthesia의 경험은 감각적 차원에서 시작된다.

- 우리는 이성의 동물이 아니라 감정의 동물(limbic-system driven).
  (인간은 이성적이고 싶을 때 이성적이 된다?)
- 음악으로 어떻게 Cenesthesia의 경험을 가져오게 할 것인가?

  Beauty of Form(형상의 미)
  ↓
  <--- 내적감수성(교감)이 중요
  ↓
  Beauty of Experience(경험의 미)로

C. **음악적 행동**(musical behavior)
  - 사람이 음악**으로** 무엇을 하는 행동
  - 음악이 사람**에게** 무엇을 하게 하는 행동

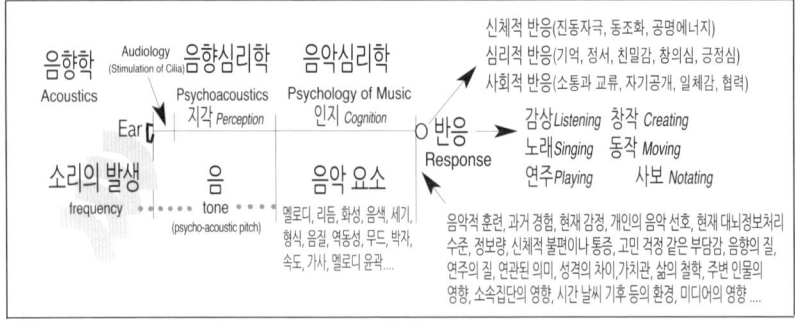

2. 건강과 행복을 위한 **목소리 활용법**

  1) **좋은** 소리 vs **나쁜** 소리

판단의 관점	좋은 소리	나쁜 소리
음향물리적	듣기 편한 음역과 음향의소리	귀에 거슬리거나 시끄러운 소음
언어적	칭찬, 격려, 인정의 뜻을 담은 말	부정적이고 폭력적인 악한 말
음악적	조화감정적 안정, 기술적 완성도, 문화적 가치	불쾌하고 부정적인 감정 유발, 기술적 결함
심리적	안정감과 편안함을 주는 소리	불안, 초조, 불쾌, 섬뜩한 소리
영적	내면세계의 안정감, 위로, 평안을 주는 소리	내면과의 불일치, 불안, 공포, 두려움을 유발

2) **몸소리**(내 몸이 내는 소리) 듣기

일차적 소리: 한숨, 옹알이, 웃음, 울음, 소리치기, 비명, 신음

우리 몸은 훌륭한 완성체이다. 몸에 수분이 필요하면 목이 마르듯 내 몸이 내는 소리에 귀 기울여야 한다.

	유형적	비유형적
몸의 상태가(body condition) 내는 소리		
몸의 자세가(body posture) 내는 소리		
몸 안에서(inner body) 나오는 소리		

3) **목소리**는 신체 안에 존재하는 유일한 악기

- 자신의 목소리를 찾는 것은 자기를 찾는 것이다.
  - 노래(singing): 멜로디와 리듬에 가사를 실어 내는 소리
  - 챈팅(chanting): 멜로디나 단선율을 반복해 내는 소리
  - 토닝(toning): 단음 또는 모음을 반복적으로 유지하여 내는 소리

의도(intention)

에너지로서 소리는 중립이지만, 방향성을 가질 때 영향력을 만들어낸다. Intention은 소리가 방향을 갖게 하는 것이다. 그래서 intention은 치유과정에서 소리가 어떻게 사용되는지를 이해하는 첫 번째 단계가 된다.

- 강하고 긴 음들을 내는 것은 우리 몸에 흐르는 생명력을 느끼게 해준다.

4) **토닝** Exercise

- 주목하라(focus)   ■ 발전 단계
  주의 | 호흡 | 소리 | 빛 | 사랑   소리 내보내기 | 소리 이완하기 | 소리 재생산하기

- 혼자서 또는 그룹으로

- 치유적 목적:
  (1)스트레스와 긴장에서 해방, (2)주의집중과 창의성을 증대,
  (3)면역반응을 증대, (4)대뇌반구의 균형, (5)호르몬 시스템 균형,
  (6)알파파 생성과 명상, (7)감정 표현과 방출, (8)상상력 자극,
  (9)파동에너지의 방출과 교류 등

3. 합창

- 합창은 여러 사람이 함께 노래를 부르는 것
   여러 파트로 나누어 노래의 각기 다른 가락을 부르는 것을 의미
- 여성, 남성, 혼성으로 최소 2성부, 3, 4, 5, 6, 8성부까지 구성

1) 화음은 높이가 다른 2개 이상의 음이 동시에 울렸을 때의 합성음
   - 코드의 진행은 조성(tonality)을 만듦.
   - 조성이 주는 긴장과 이완의 느낌은 음고관계의 지각으로부터 발생.
   - 시간 속에서 움직임과 갈등, 해결의 역동적 드라마를 형성함.
   - 해결과 완성의 최종 단계에 도달하기 이전의 음악구조는 인간의 삶과 마찬가지로 자극이나 초조, 불안을 유발하는 불협화음이 함께함.

2) **파트**의 구성: 외성은 외성끼리, 내성은 내성끼리

3) 아름다운 노래 목소리의 조건:
   a) 정확한 음정(Accurate pitch)
   b) 밝고 맑은 색깔(Bright and clear color)
   c) 공명(Resonance)
   d) 강세(Intensity)
   e) 길이(duration - connected or sustained)

4) **가사**를 음미하고 정확히 발음하며 노래하라
   - 노래는 시(가사)를 가락에 얹어 말하듯이 소리 내는 것
   - **찬송가**를 주제로 구분:
      | 병중 | 믿음 | 기쁨 | 소망 | 낙심 | 죄사함 | 슬픔 | 경배찬양 |
   - **대중음악**의 주제:
      | 사랑 | 사회적 이슈 | 파티와 즐거움 | 정체성과 자아 | 고향 | 허무한 인생 |

5) **합창**은 가성비가 높은 **취미생활**이다
   - 외로움을 덜어낼 수 있다.
   - 육체적 건강을 유지하는 데 도움이 된다(호흡, 바른 자세).
   - 타인에 대한 경청과 배려심을 키워 준다.
   - (특히 가사는) 감성을 깊게하여 행복한 삶으로 이끈다.
   - 나 자신의 소중함을 깨닫게 한다(한 사람이 모여서 전체를 이루고 화음을 만들기 때문).

- 화음을 이루기 위해서는 나 개인을 내려놓는 훈련을 필요로 한다
- 무대에서의 긴장과 설렘을 느끼며 공연 후에는 충만한 카타르시스를 경험한다

6) 합창 앙상블은 일반적으로 다음 기준에 따라 **성악적으로 평가**된다.

   (1) 음정이 맞는가?

   (2) Attacks and Releases가 정확한가?

   (3) 섞임(Blend)이 좋은가?

   (4) 균형(Balance)이 맞는가?

   (5) 음질(Tone)이 좋은가?

7) **합창 대원**들은

   존중받고 | **몰입**하여 노래하고 | 감정을 **공감**하며 노래하고 | **즐겁고** | **자발적**

성경적 치유음악사역

최병철 (숙명여자대학교 명예교수)

✎ 내용과 취지

성경적 치유음악사역은 구신약성경에 있는 음악의 사용을 오늘날 치유목회 사역에 적용하는 것입니다. 교회음악에 그간 많은 변화가 있었습니다. 이런 변화를 성경적이고 바람직한 교회문화로 발전시키기 위해 오늘날 교회의 '음악현상'을 바르게 이해할 수 있어야 합니다. 그래서 음악을 알고 음악의 영향력을 이해하는 일이 중요한데 특히 목회자와 교회지도자들에게 그렇습니다. 음악에 대한 바른 이해는 예배는 물론 목회사역 전반에 음악을 구체적으로 적용할 수 있게 합니다. 바라옵기는 이 세미나가 기독교문화에 큰 영향을 미치는 음악을 이해하고 치유음악사역에 유용한 방향을 제시하여 건강하고 바람직한 21세기 교회문화발전에 보탬이 되었으면 합니다.

1. 음악

1) **음악은 인간행동**이다

- Melody나 Pitch에서 낮은 음고 vs. 높은 음고, 웃음소리, 귀여운 소리, 비명소리 (작은 공명관을 울리는 데에는 적은 양의 에너지가 필요하다)(Huron, 1999).
- 박은 생물적 기본이다.
- 음색

2) **음악의 효과**

(1) **일시적 효과** -

지금 이 시간의 음악이 개인에게 어떤 변화를 불러일으키는 것

● **음악은 자율신경을 작동시킴**(Music as an Activator of the ANS)

교감신경계(Sympathetic)	부교감신경계(Parasympathetic)
심장박동을 증가 심방과 심실의 수축을 증가 혈관을 수축	심장박동을 감소 심방과 심실의 수축을 감소 혈관을 확장

- 음악은 즐거운 감정을 불러일으킴 Dopamine in Striatum(선조체)

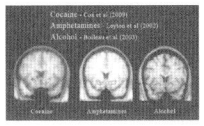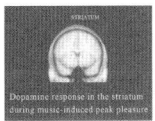

- Blood and Zatorre (2001). PNAS, Vol. 98. pp. 11818~11823
  음악감상에서 Chilling의 경험을 가질 때 대뇌반구의 혈액순환의 정도를 통제군과 비교하여 음악이 생물학적인 반응과 연관되었음을 확인한 연구
- Effect of music listening on cortisol levels and propofol consumption during spinal anesthesia(2011, April 5, frontiers in Psychology, 2~58.)
- 친사회적 행동과 사회적 유대감을 형성시킴(합창, 댄싱, 행진 등)
- Music and dopaminergic system by Salimpoor et al (2011, 2013), Science
  감상자에게 얼마나 음악을 즐기는가 물어보고 그 음악을 구매하기 위해 돈을 얼마나 쓸 의향이 있는가를 물어봄($0 $.99 $1.29 $2).
- 친사회적 행동과 사회적 유대감을 형성시킴(합창, 댄싱, 행진 등)

- 음악은 상징적 표현
- 음악은 기억을 회상
- 음악은 신체적 움직임을 자극
- 음악은 기대와 예상감을 불러오게 함
- 음악은 통증을 감소시킴
  - Music therapy is an effective intervention for patients with chronic pain children with migraines, and patients with chronic tinnitus (Hillecke et al., 2005).
    음악치료 중재는 만성통증, 편두통을 가진 아동들, 이명증 환자들에게 효과적이다.
  - ... to alleviate pain (Hesse, 2003; Kullich et al., 2003) 고통을 덜어준다.
  - Music therapy employed as an adjuvant relieved anxiety, sadnessm fear, and pain associated with conventional cancer treatments (Richardson et al., 2008).
    음악치료는 불안, 슬픔, 공포, 그리고 기존의 암 치료에 따른 고통들로부터 벗어나는 보조제로 사용된다.
  - ...reduced the need for analgesics, e.g., NSAIDs and opioids, in patients receiving these drugs for pain management (Pyati and Gan, 2007).
    진통제 사용을 줄여준다. 예를 들어, 환자들의 고통 조절을 위해 사용하는 NSAIDs나 마약성 진통제들의 사용을 줄여줄 수 있는 것이다.

- decreased pain perception & anxiety (Cignacco et al., 2007; Klassen et al., 2008; Pothoulaki et al., 2008; Roy et al., 2008; Zhao and Chen, 2009). 고통지각과 불안을 감소시켜 준다.
- 커뮤니케이션의 기능
  [기능적인 음악의 사용]

(2) 영속적 효과 - 몇 주에서 몇 달, 혹은 몇 년, 어쩌면 평생 음악의 효과가 지속되는 음악경험은 우리 대뇌에 구조적 변화를 가져옴(신경 가소성) 인지의 다른 측면에서 음악적 훈련의 효과

(예) 뇌신경 가소성으로 설명되는 이러한 구조적 변화는 음악인의 뇌가 일반인의 뇌와 다르다는 것으로 설명

Sarkamo 등(2014)은 급성허혈성중풍환자에게 매일 1~2시간 한 달 동안 음악을 감상하게 한 결과 (회백질 양의 증가로) 전두 변연계 네트워크에서의 미립자의 구조적 재구성으로 이어졌다고 하며 이러한 전두 변연계영역의 성형변화는 음악에 의한 인지적, 감정적인 회복에 직접 연관됨.

2. 음악치료

- 음악치료 소개 비디오

  음악치료는 **예술의 영향력**을 **과학의 그릇**에 담는 작업

  음악치료는 예술로서의 속성인 음악과 과학적 입장을 가지는 치료가 복합된 용어 즉, **예술**(Art)은 주관성, 개인성, 창의성, 미

  과학(Science)은 객관성, 보편성, 재현성, 지식

  또한, 음악치료의 **교류적 과정**에는 감정이입, 친밀감, 소통, 상호관계, 역할관계 등을 고려

  따라서, 음악치료는 객관적이며 주관적 | 개인적이며 보편적 | 창의적인 독특함과 재현성을 가짐

  내면적이면서 교류적 | 집단적이면서 超개인적임

- 치료목적 영역

  (1) 감정적(Emotional), (2) 인지적(Cognitive), (3) 행동적(Behavioral), (4) 사회적(Social), (5) 신체적(Physical)

3. 성경적 치유음악사역

나는 너희를 치료하는 여호와임이라(I, the LORD, am your healer.)
출애굽기 15장 26절 - 개역개정판

나는 여호와, 너의 치료자(이기 때문이다) - 바른성경

1) 찬양과 경배를 위한 음악

찬양의 대상: 하나님(시편 21:13)과 어린양 되신 예수님(계 5:12)

인간창조의 목적: "이 백성은 내가 나를 위하여 지었나니 나의 찬송을 부르게 하려 함이니라"(사 43:21) [참조, 사 42:8]

하나님의 영광을 돌리는 찬송은 태초에서부터(사 61:11) 말세까지 (사 27:2) 그리고 천국에서 영원토록(계 15:2-4) 부르는 성도의 노래 [참조, 계 4:8, 15:2-4]

A. 찬양의 방법들: 규범적이 아님(NOT Paradigm or normative)

입으로: 시 5:11, 32:11, 34:1, 35:18, 71:8, 98:1, 98:4, 103:20, 107:22, 107:32, 126:2, 고전 14:15, 엡 5:19, 계 7:10, 19:1

손을 사용하여:
  손을 들고: 시 63:4, 119:48, 134:2, 141:2
  손뼉: 시 47:1, 98:8, 사55:12
  악기: 시 33:2, 57:8, 144:9, 147:7, 150:3-5

몸으로:
  춤을 추며: 삼하 6:14, 시30:11, 149:3, 150:4
  걷거나 뛰며: 삼하 6:16, 행 3:8
  서서: 시 134:1, 시 135:2
    허리를 굽히고 무릎을 꿇고: 대하 6:13, 시 95:6, 단 6:10, 엡 3:15

2) 기능적 음악 사용

(1) 예배를 지원 - 하나님의 메세지를 잘 받는 수단으로 음악이 사용됨
열왕기하 3장 15절 "이제 내게로 거문고 탈 자를 불러오소서 하니라. 거문고 타는 자가 거문고를 탈 때에 여호와께서 엘리사를 감동하시니(여호와의 손이 엘리사 위에 있더니) 저(그)가 가로(르)되..."

(2) 성령님의 강림 - 사람을 변화시키는 하나님의 능력이 음악을 통해
사무엘상 10장 5-6절 "그 후에... 네가 그리로 가서 그 성읍으로 들어갈 때에 선지자의 무리가 산당에서부터 비파와 소고와 저와 수금을 앞세우고 예언하며 내려오는 것을 만날 것이요 네게는 여호와의 신이 크게 임하리니 너도 그들과 함께 예언을 하고 변하여 새사람이 되리라"

(3) 하나님 임재의 체험 - 하나님의 영광스런 임재를 체험하게 하는 음악
역대하 5장 13-14절 "나팔 부는 자와 노래하는 자가 일제히 소리를 발하여 (내어) 여호와를 찬송하며 감사하는데 나팔 불고 제금 치고 모든 악기를 울리며 소리를 높여 여호와를 찬송하여 가로(이르)되 선하시도다 그 자비하심이 영원히 있도다 하매 그때에 여호와의 전에 구름이 가득한지라. 제사장이 그 구름으로 인하여(말미암아) 능히 서서 섬기지 못하였으니 이는 여호와의 영광이 하나님의 전에 가득함이었더라"

(4) 교육적 도구 - 노래를 통해 믿음의 역사를 계승케 함
신명기 31장 19-30절 "그러므로 이제 너희는 이 노래를 써서 이스라엘 자손에게 가르쳐 그들의 입으로 부르게하여 이 노래로 나를 위하여 이스라엘 자손에게 증거가 되게 하라 ..." 그들이 수많은 재앙과 환란을 당할 때에 그들의 자손이 부르기를 잊지 아니한 이 노래가 그들 앞에 증인처럼 되리라... 그러므로 모세가 그날 이 노래를 써서 이스라엘 자손들에게 가르쳤더라. 그리고 모세가 이스라엘 총회에 이 노래의 말씀을 끝까지 읽어 들리니라

(5) 감정 변화 - 찬양은 마음의 상태를 바꾸게 함
이사야 61장 3절 "... 찬송의 옷으로 그 근심을 대신하시고"
시편 137편 1-4절 "우리가 ... 시온을 기억하며 울었도다 ... 우리에게 노래를 청하며 우리를 황폐케 한 자가 기쁨을 청하고 자기들을 위하여 시온 노래 중 하나를 노래하라 함이로다..."
스바냐 3장 14절 "시온의 딸아 노래할찌어다 이스라엘아 기쁘게 부를찌어다 예루살렘 딸아 전심으로 기뻐하며 즐거워할찌어다"
시편 42편 5절, 43편 5절 "내 영혼아 네가 어찌하여 낙망하며 어찌하여 내 속에서 불안하여 하는고 너는 하나님을 바라라 나는 내 얼굴

을 도우시는 내 하나님을 오히려 찬송하리로다"

(6) 해외선교의 효율적인 도구 - 음악으로 하나님 말씀의 비밀을 풀이함
시편 49편 4절 "내가 비유에 내 귀를 기울이고 수금으로 나의 오묘한 말을 풀리로다"

(7) 전도적 능력 - 하나님의 전도적 능력이 음악으로 나타남
사도행전 16장 25-26절 "밤중쯤 되어 바울과 실라가 기도하고 하나님을 찬미하매 죄수들이 듣더라. 이에 홀연히 큰 지진이 나서 옥터가 움직이고 문이 곧 다 열리며 모든 사람의 매인 것이 다 벗어진지라"

(8) 영광스런 예배를 위해 - 하나님의 궁정에 들어가면서
시편 100편 4절 "감사함으로 그 문에 들어가며 찬송함으로 그 궁정에 들어가서 그에게 감사하며 그 이름을 송축할지어다"

(9) 하나님의 역사를 찬양 - 창조의 사건을 묘사하며
욥기 38장 7절 "그때에 새벽 별들이 기뻐 노래하며 하나님의 아들들이 다 기쁘게 소리를 질렀느니라"

(10) 사탄을 대적 - 음악은 악신을 쫓아내고 마귀를 잠잠케 함
사무엘상 16장 23절 "다윗이 수금을 취하여 손으로 탄즉 사울이 상쾌하여 낫고 악신은 그에게서 떠나더라"
시편 8편 1, 2절 "여호와 우리 주여 주의 이름이 온 땅에 어찌 그리 아름다운지요... 어린이이와 젖먹이의 입으로 말미암아 권능을 세우심이여 이는 원수와 보수자로 잠잠케 하려 하심이니이다"

(11) 하나님 임재의 선포 - 음악으로 하나님의 임재를 알림
출애굽기 19장 16, 19절 "나팔 소리가 심히 크니 진중 모든 백성이 다 떨더라... 나팔 소리가 점점 커질 때에 모세가 말한즉 하나님이 음성으로 대답하시더라"

(12) 하나님의 도움을 사모함 - 하나님의 도우심을 구함
민수기 10장 9절 "자기를 압박하는 대적을 치러 나갈 때에는 나팔을

울려 불지니 그리하면 너희 하나님 여호와가 너희를 기억하고 너희를
너희 대적에게서 구원하리라"

(13) 예언의 능력을 사모하며 - 예언을 할 때
룻기 4장 14절 "여인들이 나오미에게 이르되 찬송할찌로다 여호와
께서 오늘날 네게 기업 무를 자가 없게 아니하셨도다 이 아이의
이름이 이스라엘 중에 유명하게 되기를 원하노라"

그 외에도 곡조 있는 기도(고전 14:15), 감사할 때(골 3:16),
나아갈 때(막 14:26), 서로 화답할 때(엡 5:19), 조의
를 표할 때(대하 35:25), 어린양의 노래(계 15:3-4).

3) 구약에 나타난 음악의 타락 역사
  (1) 사탄: 이사야 14장 12절 "너 아침의 아들 계명성이여 어찌 그리
      하늘에서 떨어졌으며..." 계명(hĕlēl)〉lucifer)
      ● lucifer = 빛(lux) + 지닌다(fero)
      ● 에스겔 28장 11-16절 소고(tabrets)와 비파(viols)

  (2) 가인의 계열:
      유발을 통해 인간으로 하여금 악기를 만들게 함 (창 4:19-21)
      *성경이 말하는 악기 제조자의 시초
      라멕의 노래 (창 4:23) - 라멕이 살인 후 부른 인류 최초의 노래

  (3) 고대 근동종교(가나안 종교)
      음악으로 우상을 섬기게 함(출 32:17-19)
      이방신인 바알과 아세라신의 축제음악(출 32:6, 민 25:1-3, 고전 10:7-8)
      "너희는 나팔과 피리와 수금과 삼현금과 양금과 생황과 모든
      악기 소리를 들을 때에 엎드리어 느부갓네살왕의 세운 금신상
      에게 절하라... (단 3: 5-7)

  (4) 보편 은혜 속에 나타난 어리석은 노래
      "자기를 위하여 악기를 제작"(암 6:3-5) [참조 아모스 5장 21-23절, 역대상 25장 1-2절]

> "기생 너여 수금을 가지고 ... 기묘한 곡조로 많은 노래를 불러 ..."
> (사 23:16)

4) 신구약에서의 교회음악
  (1) 히브리 (종교)음악
    (a) 예언자 전통의 유대종교음악
      - 환상적 기쁨의 예언과 관련
        출애굽기 15장 - 미리암이 홍해를 건넌 후 승리의 기쁨을 노래한 것이 최초의 종교음악
      - 표현의 방식
        삼상 10장(BC 1,000년경) - 민속적 종교의식을 가진 춤추는 자들.
        이사야 5장 - 민요가 사용되었을 듯한 또 다른 예

    (b) 레위 전통의 히브리 종교음악
      - 역대상 15장 16-24절(레위 종교음악인들의 조직)
      - 표현의 방식
        역대하 5장 11-14절 (성전봉헌음악), 아모스 5장 22-24절, 6장 4-6절

  * 예언자 전통과 레위 전통의 히브리 종교음악 간의 관계적 역동성(창조적 충돌)
    1) 예언자 전통 - 환상적 영감 - Evangelical
    2) 레위 전통 - 훈련적 질서 - Liturgical
  (2) 바울의 교회음악 사상
    (a) 교회음악에 대한 바울의 이해
      - 골로새서 3장 16절, 에베소서 5장 19절
        시(시편)와 찬미(예수님에 대한 시)와
        신령한 노래(성령으로 충만한 때 불러지는 노래)
      - 고린도전서 14장 15절 영(성령)과 마음(이성)
5) 찬양사역에서의 장려와 경계
  (1) 인위적인 하나님의 역사 조장(인위적 성령운동)

(2) 목적 일변도
(3) 음악적인 감동을 영적인 경험으로 오해
(4) 음악적 즐거움만 추구
(5) 정서적 위기
(6) 기독교 문화개발
(7) 찬양인도자가 하나님의 영광을 대신하는 일이 없어야

6) 치유음악사역의 영역
   (1) 성경, 의학, 치유의 관계성
       (a) 성경에 무관한 의학적 치유
           의학적 정의: 피부의 종기 및 소화기 계통의 회복이나 골절된 뼈의 접합
       (b) 의학에 무관한 성경적 치유
           성경적 정의: 삼위일체 하나님과의 올바른 관계성 회복(엡 2:18), 즉 인간을 향한 하나님의 뜻에 따라 하나의 통일체(몸[육체적 질병]-혼[심리적 정신병]-영[악령의 압박-대적, 고소, 정죄, 처형; 억압, 들림])로서 기능하도록 힘을 부여함

   (2) 치유: 하나님의 형상 회복(하나님과의 올바른 관계성)
       "하나님이 이르시되 우리의 형상을 따라 우리의 모양대로 우리가 사람을 만들고 그들로 바다의 물고기와 하늘의 새와 가축과 온 땅과 땅에 기는 모든 것을 다스리게 하자 하시고"(창세기 1:26)
       "모든 지킬 만한 것 중에 더욱 네 마음을 지키라 생명의 근원이 이에서 남이니라"(잠 4:23)
       (a) 개인: 하나님이 원하시는 자신의 잠재된 능력과 은사를 개발, 치유, 회복과 성숙.
           [예수 그리스도를 닮은 인격]
           - 하나님을 따라 의와 진리의 거룩함으로 지으심을 받은 새사람을 입으라(엡 4:24)
           - 새사람을 입었으니 이는 자기를 창조하신 이의 형상을 따라 지식에까지 새롭게 하심을 입은 자니라(골 3:10)

- ... 그리스도는 하나님의 형상이니라(고후 4:4)
(b) 가정: 하나님이 원하시는 돕는 배필로서 남편과 아내의 장점과 한계를 이해하고 자녀들의 장점을 중심으로 지혜로운 자녀교육을 통해 건강한 가정을 회복.
[예수 그리스도가 중심이 된 가정]
(c) 교회: 하나님이 원하시는 건강한 교회로서의 모습인 각자의 은사와 장점으로 서로 섬기는 사랑 공동체, 하나 공동체의 모습을 회복
[예수 그리스도가 머리 된 교회]
(d) 사회: 하나님이 원하시는 영혼구원과 환경회복(비기독교문화)을 위해 사람들을 이해하고 효과적인 전도에 활용
[예수 그리스도를 통해 치유되는 문화와 환경]

(3) 교회음악의 역할
(a) 복음을 선포하는 선포 음악(Kerygmatic Music)
(b) 성도들과 교류하며 은혜를 나누는 친교 음악(Koinoniac Music)
(c) 공적 예배에서의 예배 음악(Litourgic Music)

(4) 사역영역
(a) 예배   (b) 내적치유사역   (c) 장애인사역   (d) 노인재활사역
(e) 중독치유사역   (f) 가정사역   (g) 교육사역   (h) 병원사역
(i) 그 외

🎵 때를 따라 돕는 찬송 리스트

「때를 따라 돕는 찬송」은 신자들이 이 땅을 살아가며 마주하는 다양한 상황을 주제별로 나누고, 각 경우에 가장 알맞은 찬송을 선별하여 구성한 것입니다. 조성, 빠르기, 가사 내용 등을 음악심리학적 원리에 따라 적절히 배열하였으며, 합창·중창·독창 형식으로 불릴 수 있도록 구성하였습니다.

기획 및 제작: 최병철
합 창 지 휘 : 김순세
곡중 독창: 김경세 김양희 김은선 노형건 방연옥 백영자 서진숙 신은석
　　　　　유은녀 이귀임 이영애 이재우 임대수 장동은 조성환 조한우
　　　　　최승원 최운용

제작: 1992년 10월, 미국 로스앤젤레스

1️⃣ 병상에서

1. 고통의 멍에 벗으려고　　　330장(5:41)
2. 주여 나의 병든 몸을　　　528장(6:00)
3. 내 기도하는 그 시간　　　482장(6:45)
4. 너 예수께 조용히 나가　　483장(6:43)
5. 영화로신 주 성령　　　　　176장(2:53)
6. 구주와 함께 나 죽었으니　465장(6:26)
7. 죄짐 맡은 우리 구주　　　487장(4:36)
8. 네 병든 손 내밀라고　　　530장(5:12)
9. 나 주의 도움 받고자　　　349장(5:25)
10. 주님의 뜻을 이루소서　　217장(4:25)

2️⃣ 죄 사함의 은혜를

1. 죄짐을 지고서 곤하거든　　327장(4:18)
2. 예수가 우리를 부르는 소리　318장(4:33)
3. 먹보다도 더 검은　　　　　213장(3:23)
4. 나 행한 것 죄뿐이니　　　332장(5:03)
5. 주 나에게 주시는　　　　　207장(4:18)
6. 변찮는 주님의 사랑과　　　214장(3:15)
7. 예수 십자가에 흘린 피로써　193장(3:07)
8. 예수 앞에 나오면　　　　　205장(3:14)
9. 이 세상 험하고　　　　　　197장(4:36)
10. 주 예수님 내 맘에 오사　　218장(4:37)

3 소망 안에서

1. 주여 지난 밤 내 꿈에　　542장(3:22)
2. 내 본향 가는 길　　292장(4:01)
3. 주 예수보다 더 귀한 것은 없네 102장(4:26)
4. 구름 같은 이 세상　　532장(3:26)
5. 나 가난 복지 귀한 성에　221장(3:55)
6. 하나님의 나팔 소리　　168장(2:21)
7. 나 이제 주님의 새 생명 얻은 몸 493장(3:08)
8. 주가 맡긴 모든 역사　　231장(3:02)
9. 내 주 되신 주를 참 사랑하고 512장(4:49)
10. 하늘 가는 밝은 길이　　545장(4:22)

4 슬픔 가운데서

1. 슬픈 마음 있는 사람　　91장(4:37)
2. 외롭게 사는 이 그 누군가 413장(7:07)
3. 내 진정 사모하는　　88장(2:52)
4. 완전한 사랑　　288장(3:32)
5. 너 근심 걱정 말아라　　432장(4:29)
6. 십자가 그늘 밑에　　471장(3:34)
7. 값비싼 향유를 주께 드린 346장(5:33)
8. 나 형제를 늘 위해　　523장(4:31)
9. 주 음성 외에는　　500장(3:56)
10. 내가 참 의지하는 예수　86장(4:43)

5 믿음이 약해질 때

1. 나의 믿음 약할 때　　423장(4:44)
2. 마음에 가득한 의심을 깨치고 189장(3:04)
3. 은혜 구한 내게 은혜의 주님 498장(3:53)
4. 영화로운 주 성령　　176장(2:54)
5. 은혜가 풍성한 하나님은　178장(3:13)
6. 예수로 나의 구주 삼고　204장(2:51)
7. 성령이여 강림하사　　177장(5:37)
8. 불길 같은 성신여　　173장(5:28)
9. 빈 들에 마른 풀같이　　172장(3:01)
10. 성령의 은사를　　174장(4:17)

6 낙심될 때

1. 내 모든 시험 무거운 짐을   363장(4:27)
2. 오 신실하신 주   447장(4:56)
3. 너 하나님께 이끌리어   341장(4:18)
4. 예수는 나의 힘이요   93장(4:17)
5. 주 예수 내가 알기 전   98장(3:16)
6. 피난처 있으니   79장(2:50)
7. 내 눈을 들어 두루 살피니   73장(4:11)
8. 이 세상은 요란하나   475장(6:23)
9. 나는 갈 길 모르니   421장(3:07)
10. 어저께나 오늘이나   133장(5:27)

7 기쁨이 충만할 때

1. 내 주 하나님 넓고 큰 은혜는   408장(3:16)
2. 오 놀라운 구세주 예수 내 주   446장(4:32)
3. 나 같은 죄인 살리신   405장(3:06)
4. 기뻐하며 경배하세   13장(2:49)
5. 내 주 예수 주신 은혜   353장(3:54)
6. 주 예수 내 맘에 들어와   208장(5:01)
7. 강물같이 흐르는 기쁨   169장(3:29)
8. 속죄하신 구세주를   35장(3:26)
9. 구주를 생각만 해도   85장(3:53)
10. 주 예수여 은혜를   486장(4:52)

8 경배찬양을

1. 다 찬양하여라   21장(2:22)
2. 주 예수 이름 높이어   36장(2:46)
3. 내 눈을 들어 두루 살피니   73장(4:11)
4. 고난받은 주를 보라   12장(4:21)
5. 주 하나님 지으신 모든 세계 40장(4:43)
6. 만 입이 내게 있으면   23장(2;10)
7. 주 예수 이름 높이어   37장(3:42)
8. 면류관 가지고   25장(2:55)
9. 영광의 왕께 다 경배하며   31장(2:56)
10. 전능왕 오셔서   34장(3:05)

참고 문헌

I. 성악·합창·발성 관련

Miller, R. (1996). *The Structure of Singing: System and Art in Vocal Technique.* New York, NY: Schirmer Books.

McKinney, J. C. (2005). *The Diagnosis and Correction of Vocal Faults.* Nashville, TN: Broadman Press.

Sundberg, J. (1987). *The Science of the Singing Voice.* DeKalb, IL: Northern Illinois University Press.

Sundberg, J. (2018). *The Science of the Musical Sound (2nd ed.).* New York, NY: Springer.

옥인걸. (2013). 발성의 명불허전. 서울: 코러스센터.

II. 음악심리·음악과 감정, 소리의 이해

Blesser, B., & Salter, L. R. (2006). *Spaces speak, are you listening? Experiencing aural architecture.* The MIT Press.

Choi, B. (2025). Simulated acoustic comparison charts for real vs. amplified voice. Unpublished material.

Everest, F. A., & Pohlmann, K. C. (2015). *Master handbook of acoustics* (6th ed). McGraw-Hill.

Juslin, P. N., & Sloboda, J. A. (Eds.). (2010). *Handbook of Music and Emotion: Theory, Research, Applications.* Oxford: Oxford University Press.

Koelsch, S. (2014). *Brain and Music.* Hoboken, NJ: Wiley-Blackwell.

Meyer, L. B. (1956). *Emotion and Meaning in Music.* Chicago, IL: University of Chicago Press.

Moore, B. C. J. (2013). *An introduction to the psychology of hearing* (6th ed). Brill.

Sacks, O. (2007). *Musicophilia: Tales of Music and the Brain.* New York, NY: Knopf.

최병철, 이경숙(역). (2018). 음악심리학 음악적 행동의 심리학적 기반(Radocy, R., & Boyle, J. D.). 서울: 시그마프레스.

최병철. (2006). 음악치료학. 서울: 학지사.

최병철. (2021). 성경의 음악과 음악치료. 서울: 예영커뮤니케이션.

III. 예배학과 교회음악의 본질

Bloesch, D. G. (2005). *The Church: Sacraments, Worship, Ministry, Mission.* Downers Grove, IL: InterVarsity Press.

Hustad, D. (1993). Jubilate II: *Church Music in Worship and Renewal.* Carol Stream, IL: Hope Publishing.

McKinnon, J. (1987). *Music in Early Christian Literature.* Cambridge University Press.

Webber, R. E. (1994). *Worship Old and New: A Biblical, Historical, and Practical Introduction.* Grand Rapids, MI: Zondervan.

Westermeyer, P. (1998). *Te Deum: The Church and Music.* Fortress Press.

White, J. F. (2001). *Introduction to Christian Worship (3rd ed.).* Nashville, TN: Abingdon Press.

전낙표. (2021). 찬양대를 위한 예배음악총론. 표현.

IV. 신학적·영성적 배경

Lewis, C. S. (1940). *The Problem of Pain.* London: HarperCollins.

본회퍼, D. (Dietrich Bonhoeffer). (2016). 성도의 공동생활. (정현숙 역). 서울: 복있는사람.

토저, A. W. (A. W. Tozer). (2017). 하나님을 추구하다. (홍종락 역). 서울: 두란노.

V. 성경의 음악과 음악치료에서 인용

Blood & Zatorre (2001). Intensely pleasurable responses to music correlate with activity in brain regions implicated with reward and emotion. *Peoceedings of the National Academy of Sciences, 98,* 11818-11823.

Chanda, M. L., & Levitin, D. (2013). The neurochemistry of music. *Trends in Cognitive Science, 17*(4), 179-193.

Cox, S., Benkelfat, C., Dagher, A., Delaney, J., Durand, F., McKenzie, S. (2009). Striatal dopamine responses to intranasal cocaine self-administration in humans. *Biological Psychiatry, 65,* 846-850.

Ellis, R. J., & Thayer, J. F. (2010). Music and autonomic nervous system (dys) function. *Music Perception, 27*(4), 317-326.

Juslin, P., Liljestro¨m, S., Va¨stfja¨ll, D., Barradas, G., & Silva, A., (2008). An experience sampling study of emotional reactions to music: Listener, music and situations. *Emotion, 9*(5), 668-683.;

Koelsch, S., Fuermetz, J., Sack, U., Bauer, K., Hohenadal, M., Wiegel, M., Kaisers, U. & Heinke, W. (April 2011). Effects of music listening on cortisol levels and propofol consumption during spinal anesthesia. *frontiers in Psycholoogy, 2,* 1-9.

Leyton, M., Boileau, I., Benkelfat, C., Diksic, M., Baker, G., & Dagher, A. (2002). Amphetamine induced increases in extracellular dopamine drug wanting, and novelty seeking: A PET/[11C] Raclopride study in healthy men. *Neuropsychopharmacology, 27,* 1027-1035.

Menon & Levitin, (2005). The rewards of music listening: Response and physiological connectivity of the mesolimbic system. *NeuroImage, 28,* 175-184.

Morton, E. S. (1977). On the occurrence and significance of motivation-structural rules in some bird and mammal sound. *The American Naturalist, 111*(981), 855-869.

Rossato-Bennett, M. (2014). 그 노래를 기억하세요? (동영상)

Salimpoor, V., Benovoy, M., Larcher, K., Dagher, A., & Zatorre, R. (2011). Anatomically distinct dopamine release during anticipations and experience of peak emotion to music. N*ature Neuroscience, 14,* 257-262.

Särkämö, T., Ripollés, P., Vepsäläinen, H., Autti, T., Silvennoinen, H. M., Salli, E., Rodríguez-Fornells, A. (2014). Structural changes induced by daily music listening in the recovering brain after middle cerebral artery stroke: A voxel-based morphometry study. *frontiers in Human Neuroscience, 8,* 245.

Thaut, M. H., Scheiffers, S., & Davis, W. (1991). Analysis of EMG activity in biceps and triceps muscle in an upper extremity gross motor task under the influence of auditory rhythm. *Journal of Music Therapy, 28,* 65-88.

Trainor, L., & Corrigal, K. A. (2010). *Music accusition and effects of musical experience.* In Music Perception. New York: Spring, 89-127.

Vorperian, H., & Kent, R. (2005). Development of vocal tract leangth during early childhood: A magnetic resonance imaging study. *The Journal of the Acoustical Society of America, 117*(1), 338-50.

색 인

가사	6, 13, 14, 17, 22, 28, 36, 37, 47, 48, 59, 60, 61, 63, 73-76, 94, 97, 103, 104, 107-110, 112-114, 116-119, 121, 122, 124-129, 131, 135, 137, 139, 159-161, 163-167, 180-183, 168-188, 200
감정	6, 12-14, 16-20, 32, 37, 40, 48-50, 65, 68-70, 81, 92, 94-97, 100, 101, 103, 108, 110, 114, 116, 117, 119, 122-124, 126-129, 131, 134, 135, 137, 138, 140, 143, 149, 156, 165, 170, 172, 178, 180, 182-184, 186, 187, 189, 191, 192, 194
공동체	5, 6, 33, 44, 45, 48, 50, 61, 63, 101, 104, 105, 108, 109- 111, 113, 117, 118, 130, 132, 133, 135, 141-145, 147, 149, 151, 153, 155-157, 159, 165, 170, 171, 182, 199
공명	17, 21, 22, 26, 27, 31-33, 35, 36, 44-47, 53, 54, 56, 57, 59, 60, 64, 70, 84, 85, 175, 178, 179, 186, 188, 190
공명강	22, 26, 27, 31, 64, 70
교창	105, 106, 108
균형	13, 18, 19, 23, 26, 30, 35, 45, 46, 53, 55, 56, 59, 68, 137, 139, 141, 142, 156, 172, 179, 183, 187, 189
그레고리안 성가	114, 115-119
내성	8, 55, 59, 179, 188
딕션	47
리듬	6, 17-20, 37, 50, 54, 57, 73, 74, 78- 81, 87- 89, 93, 96, 97, 106, 116, 117, 128, 141, 144, 147, 157, 159, 162, 165, 166, 180, 186, 187
베이스	52-57, 59, 80, 84, 127, 142
복음	6, 58, 80, 108, 110, 112, 114, 118, 119, 121-129, 131, 132, 135, 136, 138, 140, 145, 151, 163-165, 167, 170, 196, 199
성대	21-23, 25-31, 38-42, 45, 47, 54, 64, 70, 178, 179
성가대	1, 2, 4-7, 12-14, 16-18, 20, 22, 24-26, 28, 30-42, 44-52, 54, 56-58, 60-62, 64-72, 74, 76, 78, 80, 82, 84, 86, 88, 90, 92, 94, 96, 99, 100-110, 112-175, 177-184, 186, 188, 190, 192, 194, 196, 198, 200

소프라노	46, 52, 53, 55-57, 59, 84, 85, 142	파트	32, 52-57, 59, 132, 142, 179, 188
외성	55, 59, 179, 188	표현	6, 16, 17, 18, 22, 27, 28, 32, 33, 37, 38, 44, 47, 48, 51, 52, 59, 65, 66, 79, 80, 94-97, 100-103, 105, 109, 111, 116, 122, 125, 133, 138, 139, 143, 147, 157-159, 162, 166, 172, 181, 183, 187, 191, 197
알토	52, 53, 55, 56, 57, 59, 84, 142		
예배	4-7, 13, 14, 19, 20, 29, 32, 33, 34, 37-39, 42, 43, 46, 48, 50, 52, 53, 56-63, 65, 68, 69, 71, 75, 76, 78, 79, 82, 101-141, 143-175, 182, 190, 193, 195, 199		
		표현적 시간	48, 95, 96, 97, 181
		합창	6-7, 12-15, 21, 33, 38, 44-59, 62, 65, 111-113, 123, 128, 145, 159, 170, 174, 175, 178, 183, 184, 188, 189, 191
음색	22, 26, 31, 32, 41, 44, 46, 47, 52, 54, 57, 63, 70, 73, 75, 76, 132, 141, 142, 166, 179, 180, 186, 190		
		형식	73, 79, 80, 101, 103, 105, 107, 108, 115, 127, 129, 156, 158, 168, 169, 174, 180, 186
음질	8, 47, 179, 186, 189		
음정	17, 18, 28, 32, 33, 45, 46, 48, 73, 75, 139, 141, 144, 146, 147, 148, 150, 157, 158, 159, 162, 178, 180, 183, 188, 189	호흡	13, 16-22, 24, 25, 29-31, 33, 34, 38, 43-50, 54, 57, 68, 78, 107, 111, 141, 158, 159, 178, 181, 183, 187, 188
사세	13, 16, 30, 31, 33, 35, 38, 146, 152, 153, 154, 158, 162, 187, 188		
		허밍	16-20, 40
지휘자	4, 5, 7, 8, 45, 46, 48-52, 58, 62, 94, 160, 161, 165, 182	횡격막	24, 25, 31, 43
		화음	10, 12, 13, 15, 28, 32, 37, 45, 46, 5-54, 57, 76, 79, 89, 116, 132, 138, 141-146, 149, 157-159, 175, 188, 189
조성	12, 73, 74, 76, 77, 88, 89, 180, 188		
테너	8, 52, 53-57, 59, 84, 142		
토닝	16-20, 187	회당	104-109, 111, 113